グローバル金融

栗原 裕 著

晃洋書房

は じ め に

　日本経済は明るさが見える反面，少子高齢化，累積する債務，伸び悩む国際競争力，変化の激しい世界情勢など，不安も払拭できない状況にある．雇用形態の変化が起こり，経済格差も大きくなっていると言われる．しかし，今春にはベースアップもあり，好転の兆しがある．最近では，経済のグローバル化と，グローバル人材の育成が提起されている．海外に出て直接仕事に携わらないまでも，経済活動への理解を深めることは，これからの社会人にとって必須の要件になっている．

　幸か不幸か，金融や経済の分野においては，興味深い現象が次から次へと起こっている．国際金融の世界では，場所を問わず，クリック1つで24時間，世界中と取引ができる．適切な意思決定を行う判断力，経済・社会に対するより大きな理解，政策的課題の検討・解決などが，さらに求められている．経済学の代表的な考え方の1つに，予算制約の下で最適な消費の組み合わせを決定するといった理論がある．こうした選択をすることは，日常生活でも多々あり，それを瞬時に，適切に行わなければならないことがある．また，合理的な意思決定を行うことは経済学の最重要テーマである．その一方で，暖かい心を持った，cool head/warm mind の精神を涵養することも，教育全般にわたる課題であろう．

　本書は著者の既著に比べ，やや理論的な色彩が強くなっている．理論は一見すると現実と乖離しているような印象を持たれがちだが，学問的思考方法に立って現実を熟思し，知的訓練を重ねることはまことに意義があると思われる．その意味で，実務に関わる部分の比率も類書と比して高くし，理論と実務をバランスよく配置するよう配慮したつもりである．実務面での特徴は，日本の金融と，証券など関連分野についての説明の比重をあえて高めたことである．

　本書は合計2単位（90分×15回）の授業を前提にしている．授業レベルは学部2年次生程度のレベルを想定し，複雑な数式を使うことを極力控えた．しかし，精緻な形で経済現象の証明をするためには，数学の利用は不可欠であり，本書に用いた必要最小限の公式を巻末に記載した．さらに，図を多用し，丁寧で平易な説明によって，直感的な理解が得られるようにした．したがって，経

済学を専門に勉強する人はもちろん,経済学部以外の学生,社会人にも,理解できるよう配慮している.ただし,大学院生で研究者を志望する人など,より専門的な勉強をするには,本書だけでは不十分であり,さらに進んだ学習ができるよう巻末に参考図書を記載した.

　本書の理解にはミクロ経済学,マクロ経済学の勉強が不可欠であるが,弊著『経済学・宣言』と合わせると,さらに効果があがるであろう.貿易論,国際経済学の分野については,『グローバル・エコノミクス宣言』,英語で経済学を学ぶならば,『英語で学ぶやさしい経済』を勧めたい(巻末参照).

　最後に,恩師,故天野明弘先生,日本金融学会前会長の藤原秀夫先生はじめ,国内外の学界,官公庁,企業の皆様,ゼミ生,受講生にも感謝したい.そして,この本の出版にあたりお世話になった晃洋書房の編集部部長　西村喜夫氏,石風呂春香氏,営業部部長　高砂年樹氏に厚く御礼申し上げる.

2015(平成27)年

栗原　裕(ゆたか)

目　　次

はじめに

第1章　外国為替市場 ………………………………………………… *1*
  1-1　外国為替市場とは　(*1*)
  1-2　名目為替レートと実質為替レート　(*3*)
  1-3　世界の主要外国為替市場と取引規模　(*5*)
  1-4　円のグローバル化　(*6*)

第2章　金融市場 ……………………………………………………… *9*
  2-1　日本の金融市場と国際金融市場　(*9*)
  2-2　国際資金移動の現状　(*11*)
  2-3　国際資金移動の理論　(*12*)
  2-4　商品（コモディティ）市場　(*17*)

第3章　金融機関 ……………………………………………………… *19*
  3-1　中央銀行　(*19*)
  3-2　銀行業務と信用創造機能　(*22*)
  3-3　金利と金利の期間構造　(*27*)
  3-4　証券会社　(*28*)
  3-5　債券と株式　(*30*)
  3-6　その他の金融機関　(*34*)
  3-7　決済システム　(*37*)
  3-8　行動ファイナンス　(*38*)

第4章　為替レートの決定と決定理論 …………………………… *41*
  4-1　為替レートの決定　(*41*)
  4-2　購買力平価説　(*42*)
  4-3　マネタリー・アプローチ　(*44*)

4-4　カバー付き金利平価とカバーなし金利平価　　(45)
　　　4-5　為替レートのオーバーシューティング　　(48)
　　　4-6　ポートフォリオ・バランス・アプローチ　　(49)
　　　4-7　為替レートの動向　　(49)
　　　4-8　カバーなし金利平価の実証分析　　(50)

第5章　通貨制度と介入　53

　　　5-1　通貨制度の流れ　　(53)
　　　5-2　世界の通貨制度　　(54)
　　　5-3　固定相場制　　(54)
　　　5-4　変動相場制　　(55)
　　　5-5　新興国の通貨制度　　(56)
　　　5-6　介　　入　　(57)

第6章　通　貨　危　機　61

　　　6-1　通貨危機の理論と現実　　(61)
　　　6-2　アジア通貨危機　　(64)
　　　6-3　パリバショックとリーマンショック　　(65)
　　　6-4　ＩＭＦ　　(66)

第7章　欧州通貨統合と欧州危機　69

　　　7-1　欧州通貨統合　　(69)
　　　7-2　欧　州　危　機　　(71)

第8章　国　際　収　支　73

　　　8-1　国内経済活動の集計　　(73)
　　　8-2　国際収支とは　　(75)
　　　8-3　弾力性アプローチ　　(78)
　　　8-4　アブソープション・アプローチ　　(81)
　　　8-5　貯蓄・投資アプローチ　　(82)
　　　8-6　国際収支の動向　　(82)

目　次　v

第9章　オープン・マクロ経済学 …………………………………… 85
- 9-1　金融政策　(85)
- 9-2　財政政策　(90)
- 9-3　オープン経済下の金融政策と財政政策　(91)
- 9-4　IS・LM分析　(92)

第10章　金融工学（デリバティブ）………………………………… 103
- 10-1　デリバティブとは　(103)
- 10-2　先物・先渡　(104)
- 10-3　オプション　(105)
- 10-4　スワップ　(107)

第11章　電子マネー ………………………………………………… 109
- 11-1　電子マネーの登場　(109)
- 11-2　電子マネーの特質　(110)
- 11-3　最近の動向　(112)
- 11-4　政策担当者の課題　(112)
- 11-5　今後の展開と期待　(113)

付録　数学公式　(115)
さらに進んだ学習のために　(117)
計算問題　解答　(119)
索　引　(123)

第1章
外国為替市場

1-1 外国為替市場とは

　第1章では外国為替市場（foreign exchange market）について説明する．国内金融と国際金融の相違に，さほど注意を払う必要はないのかもしれないが，国際収支と並び，為替レートは国際金融の中心分野である．

　外国為替市場について，注意すべきは，外国為替市場という物理的な場所は存在しないことである．電話やコンピュータなどで24時間取引を行うバーチャルな市場のことを指す．東京外国為替市場も同様で，主として東京の昼間時間帯に参加者が行う取引のことを指す．テレビなどに映しだされるのは，ディーリング・ルームである．それに対して証券取引所（stock exchange）については，東京証券取引所などの物理的な場所がある．それゆえ，外国為替市場とは「異種の通貨が取引される市場」と定義できる．そして通貨交換の比率を為替レート（exchange rate: 為替相場）と言う．表1-1は外国為替市場での使用通貨と取引比率である．

表1-1　外国為替市場での使用通貨の比率（2013年）
（単位：％）

	2001年	2007年	2013年
米ドル	89.9	85.6	87.0
ユーロ	37.9	37.0	33.4
日本円	23.5	17.2	23.0
英国ポンド	13.0	14.9	11.8
オーストラリア・ドル	4.3	6.6	8.6
スイス・フラン	6.0	6.8	5.2
その他	25.4	31.9	31.0
合計	200	200	200

注）異種通貨交換のため合計は200%になる．データは3年ごとに公表される．
出所）BIS．

取引には,大別して直物(spot: スポット)と先渡(forward: フォワード)がある.前者では,一般的に取引成立から2営業日後に受け渡しが行われ,後者では将来の一定の時期に一定の価格で取引される.例えば,1ドル=100円で3カ月後に1000ドル売る契約をした場合,市場での為替レートがどのように変化しても,取引を回避することはできない.そこで,多くの取引では,一時点で買う(または売る)契約(直物)と将来の一時点で売る(または買う)契約(先渡)を同時に結ぶ.これをスワップ取引と言う.スワップとは交換の意味である.その最大の目的は為替リスクの軽減である.なお,一方向のみの売買をアウトライト(outright)取引と言う.

外国為替市場は様々な分類が可能だが,取引主体を中心に分類すると,対顧客(customer)市場と銀行間(interbank)市場に分類される.取引の比率は4:6程度である.なお,日本では1998年4月から,「銀行間市場(interbank market)」に証券会社なども加わっている.

銀行間市場の参加者には,ディーラー(dealer: 銀行,証券会社など)とブローカー(broker)がある.ディーラーがブローカーを通すと,仲介手数料がかかる反面,より条件のよい取引相手を得ることや,自身のことを知られない利点がある.なお,外国為替市場の参加者には,さらに中央銀行が加わるし,顧客も外国為替市場の参加者といえる.ディーラーとブローカーの相違は,自己勘定での取引を行うか否かにある.前者は行い,後者は行わない.最近では,ロイターなども電子取引システムによりブローカー業務を行っている.世界全体でのディーラー間の取引高と取引比率を表したのが**表1-2**である.

為替レートには,対顧客レート(TTB=Telegraphic Transfer Buying: 電信買相場とTTS=Telegraphic Transfer Selling: 電信売相場)と銀行間レートがある.いずれも売買にスプレッド(差の意味)が存在する.それは,取引コストと流動性サービス(例えば必要な金額が短時間で入手できる)の対価である.一般に,ス

表1-2 外国為替市場でのディーラー間取引高と取引割合(1日平均)

(単位:10億ドル)

	2001年	2007年	2013年
直物	386(31.2)	1,005(30.2)	2,046(38.3)
アウトライト・フォワード	130(10.5)	362(10.9)	680(12.7)
スワップ	656(52.9)	1,714(51.6)	2,228(41.2)

注)( )は%.
出所)BIS.

プレッドは対顧客の方が大きい．

信用状付き一覧払輸入手形決済相場，電信売相場（TTS），仲値（TTM＝Telegraphic Transfer Middle），電信買相場（TTB），信用状付き一覧払手形買相場，信用状なし一覧払手形買相場の順番にスプレッドが大きくなる．信用状付き一覧手形決済相場とは，信用状の付いた手形の決済レートのことである．

1‐2 名目為替レートと実質為替レート

通貨の交換比率として日常使用される為替レートは，断りのない限り，名目為替レートである．それをわれわれは一般的に「為替レート」と呼んでいるが，為替レートには，成長率，金利（interest rate）などと同様，名目為替レート（nominal exchange rate）と実質為替レート（real exchange rate）がある．

実質為替レートは財のバスケットの交換の比率である．言い換えると，名目為替レートは通貨の交換比率，実質為替レートは財のバスケットの相対価格（relative price）といえる．実質為替レートを式で示すと次のようになる．

$$実質為替レート = \frac{S(¥/\$) \cdot P^*(\$)}{P(¥)}$$

S：名目為替レート　P：日本の物価（¥）　P^*：米国の物価（\$）

実効為替レート（effective exchange rate）という概念も，ときに重要である．金融や貿易の取引相手は米国だけではない．特定の外貨——典型的には米ドル——だけでなく，少なくとも主要な貿易相手国の通貨全体に対する自国通貨の価値を考える必要がある．式では次のように示すことができる．

$$実効為替レート = \Pi_{i=1}^{n} \left(\frac{S_{i,t}}{S_{i,1}} \right)^{r_{i,t}}$$

$$= \left(\frac{S_{1,t}}{S_{1,1}} \right)^{r_{1,t}} \cdot \left(\frac{S_{2,t}}{S_{2,1}} \right)^{r_{2,t}} \cdot \left(\frac{S_{3,t}}{S_{3,1}} \right)^{r_{3,t}} \cdots\cdots \left(\frac{S_{n,t}}{S_{n,1}} \right)^{r_{n,t}}$$

ただし，$\sum_{i=1}^{n} \gamma^{i,t} = 1$ であり，式中の記号は下記の通りである．

　　n：外国通貨の種類の数
　　i：外国通貨の種類（i＝1, 2, 3, ……, n）
　　t：時期

S：名目為替レート

γ：外国通貨の比重（貿易量などで決定）

以下，式の展開を図る．式の両辺の自然対数をとると，

$$l_n\Pi_{i=1}^n\left(\frac{S_{i,t}}{S_{i,1}}\right)^{\gamma_{i,t}}=l_n\left(\frac{S_{1,t}}{S_{1,1}}\right)^{\gamma_{1,t}}+l_n\left(\frac{S_{2,t}}{S_{2,1}}\right)^{\gamma_{2,t}}+l_n\left(\frac{S_{3,t}}{S_{3,1}}\right)^{\gamma_{3,t}}$$
$$\cdots\cdots+l_n\left(\frac{S_{n,t}}{S_{n,1}}\right)^{\gamma_{n,t}}$$

$$l_n\Pi_{i=1}^n\left(\frac{S_{i,t}}{S_{i,1}}\right)^{\gamma_{i,t}}=\gamma_{1,t}l_n\left(\frac{S_{1,t}}{S_{1,1}}\right)+\gamma_{2,t}l_n\left(\frac{S_{2,t}}{S_{2,1}}\right)+\gamma_{3,t}l_n\left(\frac{S_{3,t}}{S_{3,1}}\right)$$
$$\cdots\cdots+\gamma_{n,t}l_n\left(\frac{S_{n,t}}{S_{n,1}}\right)^{\gamma_{n,t}}$$

$$=\sum_{i=1}^n\gamma_{i,t}l_n\left(\frac{S_{I,t}}{S_{I,1}}\right)=\sum_{i=1}^n\gamma_{i,t}(l_nS_{i,t}-l_nS_{i,1})$$

になる．l_n は自然対数である．

為替レートは，外国通貨1単位の自国通貨建て価格（例えば1ドル＝100円）で表されるとは限らない．1円＝0.01ドルという表記をとっている国もある．その際，変化率も異なってくることに注意が必要となる．1ドル＝100円が110円に変化したと仮定する．前者の場合，変化率は $\frac{110-100}{100}=0.1$ となるが，後者は $\frac{\left(\frac{1}{110}\right)-\left(\frac{1}{100}\right)}{\left(\frac{1}{100}\right)}=-0.0909$ となり，両者の変化率が異なる．

為替レートには，「予想」という概念がついて回る．これは株価や金利についても該当する．ここでは，為替レートを例とし，適応的期待（adaptive expectation）仮説，合理的期待（rational expectation）仮説を紹介する．

適応的期待（予想）仮説では，次期の為替レートは，今期の為替レートに誤差の一定割合を加えたものと考える．式で示すと，

$$e^e{}_{t+1}=e_t+\theta(e^e{}_t-e_t)=(1-\theta)e_t+\theta e^e{}_t$$

である．$e^e{}_t$ は t 期の為替レートの予想値で，θ は $0<\theta<1$ のパラメーターを表している．さらに展開すると，

$$e^e{}_{t+1}=(1-\theta)e_t+\theta e^e{}_t=(1-\theta)e_t+\theta(1-\theta)e_{t-1}+\theta^2 e^e{}_{t-1}\cdots\cdots$$
$$=(1-\theta)e_t+\theta(1-\theta)e_{t-1}+\theta^2(1-\theta)e_{t-2}+\theta^3 e^e{}_{t-2}\cdots\cdots$$
$$=\sum_{i=0}^{\infty}(1-\theta)\theta^i e_{t-i}$$

になる.すなわち,為替レートの予想値は,過去の為替レートの現実値にウェート付けをした加重平均になる.$\sum_{i=0}^{\infty}(1-\theta)\theta^i=1$ になり,ウェートは合計すると1になっている.しかし,予想に関する同じ誤りを繰り返すこと,為替レート以外の経済変数を無視してしまうことになる.

これに対して,合理的期待では,Iを情報とし,$E(e^e{}_{t+1}|I_t)=e^e{}_{t+1}$ と考える.すなわち,t時点におけるすべての情報Iを前提にした為替レートの期待値が,予測値になるとする.ただし,結果を正しく予測するとは限らないことに注意すべきである.さらに,すべての経済主体が正確な経済のモデルを知っていて,そのモデルを用いて予測をすることが条件になるわけで,この仮定が現実に相当厳しいことは理解できよう.人がそれほど合理的なのか否かは,第3章の行動経済学でも触れる.

1-3 世界の主要外国為替市場と取引規模

外国為替市場の取引の中心は,時差の関係で移動する.東京を起点とすると,香港,シンガポール,チューリッヒ,フランクフルト,ロンドン,ニューヨークなどへ取引の中心が移っていく.**表1-3**は東京外国為替市場における主要通貨間の取引高,**表1-4**は取引形態別取引高である.

世界全体の為替市場の取引規模は1日当たり約5兆3000億ドル(2013年:BIS調べ:**表1-2**を参照)である.同年の世界全体のGDP(Gross Domestic Product:年間)は約72兆7000億ドルであり,約2週間での外国為替市場での取引金額と

表1-3 東京外国為替市場の主要通貨間取引高(1日平均)

(単位:10億ドル)

	2007年	2010年	2013年
ドル/円	146	196	211
ユーロ/ドル	26	29	34
ユーロ/円	16	27	36
その他	62	61	93

出所)BIS.

表1-4 東京外国為替市場の取引形態別取引高（1日平均）

（単位：10億ドル）

	2007年	2010年	2013年
直 物	101	102	157
スワップ	137	199	205
その他	12	11	12

注）スワップにはアウトライト・フォワードを含む．
出所）日本銀行．

表1-5 主要外国為替市場の取引高（1日平均）

（単位：10億ドル）

	2007年	2010年	2013年
東　京	250	312	374
香　港	181	238	275
シンガポール	242	266	383
チューリッヒ	254	249	216
フランクフルト	101	109	111
ロンドン	1,483	1,854	2,726
ニューヨーク	745	904	1,263

出所）BIS．

年間のGDPとがほぼ同額になっている．この瞬間にも世界で資金が駆け巡っている．主な市場別取引高を**表1-5**に示す．

1-4　円のグローバル化

円の国際化については，1980年代に入り，その必要性が急速に叫ばれるようになった．1985年には，外国為替等審議会の答申において，「進める」との考え方が提示され，金融・資本市場（financial/capital market）の規制緩和や自由化とともに，ユーロ円市場や東京オフショア市場（Japan offshore market）の育成や創設が行われることになった．両市場については後章で説明する．しかし，必ずしも円の国際化は進んでいるとは言えない．**表1-6**は輸出入における各国通貨の使用比率である．

輸出入における円貨の使用比率を見る限り，国際化は減退しているとも考えられる．安定的な経済取引を遂行する上において，円取引の拡大は決してマイナスではない．また，ドルへの過剰な依存は，アジア通貨危機に代表される金融・経済危機を発生させ，それを拡大させる可能性もはらんでいる．

表1-6 日本の輸出入における使用通貨

(単位:%)

日本からの輸出（対世界）

	円	ドル	ユーロ
2014年上半期	36.5	52.4	6.2
2010年上半期	41.0	48.6	6.3
2005年上半期	39.3	48.2	8.7

日本への輸入（対世界）

	円	ドル	ユーロ
2014年上半期	20.5	74.1	3.5
2010年上半期	23.6	71.7	3.2
2005年上半期	24.1	69.6	4.4

出所）日本銀行．

第2章
金融市場

2-1 日本の金融市場と国際金融市場

金融市場とは，金融取引が行われる市場である．日本の金融市場の分類を図2-1に示す．なお，短期は1年以内，長期は1年超を考えるのが一般的である．

このうちいくつかについて説明しよう．

- コール市場（call market）：金融機関相互で短期的な資金の過不足を補う市場．
- 手形市場：金融機関相互で手形を担保として資金の過不足を補う市場．中心は翌日物（オーバーナイト物）．
- 国庫短期証券（treasury discount bill）市場：国と機関投資家との間で短期の売買を行う市場．国の一時的な資金調達に利用される．以前は割引短期国債（TB）と政府短期証券（FB）に分けられていたが，2009年に統合された．

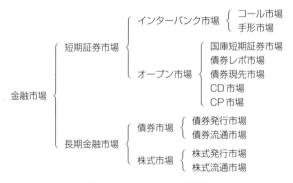

図2-1 日本の金融市場

- 債券レポ市場：現金を担保に国債などの債券を貸借する市場．証券会社以外の金融機関も取引を行っている．
- 債券現先市場：将来の取引条件（あらかじめ決められた価格で売り（または買い）戻す）を定めた上で債券の売買を行う市場．証券会社が取引の中心．
- CD（Certificate of Deposit）市場：譲渡可能な預金証書を取引する市場．金融機関は資金調達，企業は資金運用の手段として用いることが多い．
- CP（Commercial Paper）市場：一般に，信用力の高い優良企業が資金調達のために発行する無担保の約束手形を取引する市場．

なお，米国の債券市場は，財務省証券（財務省短期証券（TB），財務省中期証券（T-note），財務省長期債（T-bond）），政府機関債，州債・地方債，社債，ヤンキー債などに分けられる．このうち，財務省証券は世界最大の発行額，売買額である．

国際金融市場には外国為替市場を含めることもあるが，区別することもある．短期の市場としては，ユーロ市場（euro market）あるいはオフショア市場（off-shore market）と呼ばれるものがある．ユーロ市場とは，ある通貨が発行国（地域）以外の場所に存在するとき，それをユーロ通貨，それが売買される市場をユーロ市場と言う．ユーロ市場は第2次世界大戦後，各国国内市場における規制を回避する目的で利用され，ヨーロッパから始まったのでこの名がある．ユーロダラーは米国以外の市場で取引される米ドルである．日本国外にある円はユーロ円となる．取引の中心はユーロ円と同様，ロンドンであり，米国の都市ではない．ユーロ円の本邦市場への持ち込みは自由化されており，市場は拡大している．なお，シンガポールのアジアダラー市場，米国のIBF（International Banking Facility）市場は，国内市場との資金移動を禁じる内外分離型で行われている．

1972年に創設された東京ドル・コール市場は，国内の外国為替公認銀行がドルの過不足を補うためにつくられた無担保ベースの市場である．しかし，肝心なドルを供給する海外主体（非居住者）が参加できず，現在でもそれは続いている．その一方で，円のコール取引において重要な役割を果たしている．なお，外国為替公認銀行制度は1998年に廃止された．

1986年には東京オフショア市場が海外に流れた国際ビジネスを取り戻すため，

表2-1 短期金融市場の規模

(単位：億円)

	2000年	2010年	2014年
無担保コール	175,740	39,049	51,928
有担保コール	53,198	120,042	115,541
国庫短期証券	401,971	1,501,253	1,379,688
公社債現先	224,405	123,214	350,359
CD	385,040	351,284	469,308
ユーロ円3カ月金利先物	17,077,791	11,274,925	2,708,318
東京オフショア	481,395	493,490	862,466

(出所) 日本銀行.

各国同様創設された．これは，財務省の承認を得た特別国際金融取引勘定（オフショア勘定）を保有する金融機関が，非居住者を取引相手として，海外からの資金の調達と海外への資金の貸し付けを行うための市場で，国内規制，税制から独立し，比較的自由な取引ができる．準備預金の積み立ては不要，源泉所得税は非課税となっている．

市場の取引規模を**表2-1**に示す．

オフショア市場を利用して，資金が世界中を駆け巡っている．その中で，ロンドンのユーロ市場で銀行が公表しているロンドン銀行間取引金利 LIBOR (London Interbank Offered Rate) が金融取引の指標として用いられることが多い．東京オフショア市場でも，全国銀行協会が公表する東京銀行間取引金利，TIBOR (Tokyo Interbank Offered Rate) が存在する．

2-2 国際資金移動の現状

現在，世界各国を資金が駆け巡っている．各国の資本輸出・輸入は**表2-2**の通りである．

資本はもちろん輸入されることもあれば輸出されることもあり，それは国内の貸し手と借り手が国境を越えて金融取引を行っていることを意味する．国際金融市場は金融仲介の役割を果たしているのである．

国際銀行間市場 (international bank lending market) での取引は，複数の金融機関が協調融資する，シンジケート・ローン (syndicated loan/lending) の形を採るのが一般的で，金額が大きく，期間が長いことが多い．そのため，金利を短期金利に連動させ，定期的に見直しする，ロールオーバーの方式を採ること

表2-2 資本の輸出入 (2012年) (対GDP比率)

(単位:％)

輸出国		輸入国	
ドイツ	14.8	ブラジル	4.3
中　国	13.3	オーストラリア	4.4
サウジアラビア	11.0	フランス	4.9
スイス	5.3	カナダ	5.3
ロシア	5.1	英　国	6.7
クウェート	4.9	インド	7.3
ノルウェー	4.4	米　国	37.4
オランダ	4.0		
日　本	3.7		
カタール	3.4		
シンガポール	3.2		
香　港	3.1		
韓　国	2.7		

出所) IMF.

になる．その理由は債務者のデフォルト (default: 債務不履行) のリスクに備えるためである．金利はロンドンの銀行間市場の金利にスプレッドが加算されるのが一般的である．スプレッドは，当然，デフォルトのリスクが高くなると大きくなる．

　国際銀行間市場と並んでもう1つ大きな市場は，国際債券市場 (international bond market) である．国際債券市場は，国内金融市場において外国人居住者が起債する外国債市場と，海外市場であるユーロ債市場に分けられる．円建て債を外国企業が起債した場合，「サムライ債」と呼ばれる．同じく外貨建ての場合には「ショーグン債」である．また，日本企業が米国国内で起債した場合，「ヤンキー債」と呼ばれる．金利は変動金利 (floating interest rate) よりも固定金利 (fixed interest rate) で設定されることが多く，起債者の多くは先進国 (developed countries) であり，途上国 (developing countries) ではない．

2-3　国際資金移動の理論

　経済学では「異時点 (inter-temporal) モデル」という考え方がしばしば用いられる．現在と将来の2時点の違いを考えることは，ときに有用であり，本節では，この考え方を用いて資金移動を考える．その際，ミクロ経済学の理論が援用される．

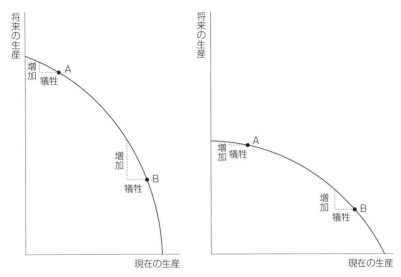

図 2-2 生産可能性曲線

A．生産可能性曲線 (production possibility curve)

利用可能な生産要素を最も効率的に使用した場合に生産可能な財の組み合わせ（この場合，現在と将来）を示す点の軌跡である．

図 2-2 において，曲線が右下がりになる理由は，片方の財の生産を増加させれば，片方を減らさなければならず，投入できる生産要素の組み合わせは限られているからである．

実際の生産可能性曲線は，一般に原点に対して凹になる．A 点では，現在の生産を犠牲にして将来の生産を増やそうとすると，すでに多くの資源を投入しているので，多くの増加は見込めない．同じく B 点では，現在の生産を犠牲にして将来の生産を増加させる場合，多くの増加が見込める．

次に無差別曲線について説明する．

B．無差別曲線 (indifference curve)

図 2-3 は代表的な無差別曲線である．消費者に同一水準の満足度（効用：utility）を与える商品（財）の組み合わせとなっている．一般に，右下がりで，原点に対して凸，原点より遠いほど効用は大きく，両軸と交わらない特徴を持っている．商品の消費量が多いほど満足度（効用）は大きいと考えられるので，図 2-3 で，曲線 C_2 は C_1 より満足度が大きい．

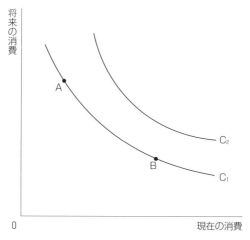

図2-3 無差別曲線

　無差別曲線の傾き(絶対値)を限界代替率と言い,一方の商品の消費を一単位増加させた場合,同一水準の効用を保つために,犠牲にすべき他方の商品の消費を表す.

　図2-3では,同一満足度を得る場合A点において,現在の消費を犠牲にした場合,補うべき将来の消費の量は大きく,B点においては,現在の消費を犠牲にした場合,補うべき将来の消費の量は小さい.

C. 予算制約線 (budget constraint line)

　一定の予算制約を表す線のこと.各財の数量を縦軸,横軸にとると,図2-4のように右下がりの直線になる.消費者が決定できる商品の組み合わせは予算制約線と両軸で囲まれた三角形の範囲となる.

　ここでは2期間を仮定し,経済活動は2期で完結するとする.現時点の所得 (m) はあるが将来の所得はないと仮定すると,現時点の消費 (C_1) と貯蓄 (S) に割り当てられる.この経済主体は現時点の消費量 (C_1) と将来の消費量 (C_2) から効用を得る.この効用を最大化するように,現時点の消費 (C_1) と将来の消費のための貯蓄 (S) に割り当てることになる.なお,将来の所得は貯蓄に金利rが付いた $(1+r)S$ になり,それをすべて将来の消費 C_2 に使うことになる.なお,価格は1と考える.

　これらの関係を式で表すと,

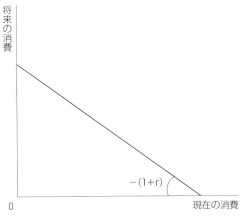

図2-4 予算制約線

$$m = C_1 + S$$
$$C_2 = (1+r)S = (1+r)(m-C_1) = -(1+r)C_1 + (1+r)m$$

したがって,予算制約線の傾きは $-(1+r)$ となる.

以上で説明した,生産可能性曲線,無差別曲線,予算制約線の関係は図2-5のようになり,A点で各曲線が接し,金利はrにある.

ここで国際金融市場が登場し,この市場から資金調達が可能になるとしよう.国際金融市場の金利 r^* が国内金融市場の金利 r よりも高いとする.すると,図2-6に示すように,予算制約線の傾きの絶対値が大きくなり,生産可能曲線と予算制約線とのバランス点はAからPに移り,新しい予算制約線が,満足度(効用)が現在よりも高い無差別曲線 U′ にCで接するようになる.その結果,現在の消費は OC_1,生産は OP_1,将来の消費は OC_2,生産は OP_2 になる.

この国は現時点で C_1P_1 の貸し出しを行い,C_2P_2 の金利を受け取る.現時点の生産は減少し,将来の生産が増加し,満足度(効用)は国際金融市場からの資金調達によってUからU′へ増加する.

以上のモデルは,異時点間のモデルであった.「金融」という仕組みがあるからこそ,現時点での所得を前提にして消費を行うのではなく,生涯に亘る所得を含めて消費がなされるのである.こうした異時点間の代替性が可能になる

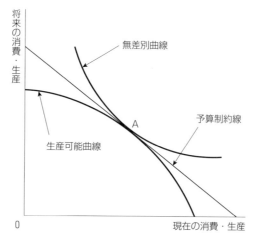

図2-5　生産可能性曲線，無差別曲線，予算制約線の関係

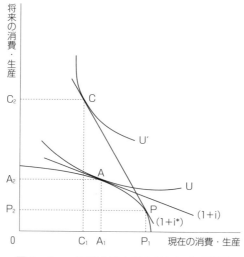

図2-6　国際金融市場の付加による影響

ことは，金融の本質的な側面と言える．

【計算問題】

問①
今期と来期の2時点モデルを考える．今期，来期の消費は C_1，C_2，今期，来期の所得はそれぞれ200と420である．効用関数は $U(C_1, C_2) = C_1 C_2$ とする．この個人は5％の利子率で借り入れと貯蓄が可能である．今期，いくら消費すべきか．

2-4 商品（コモディティ）市場

商品（コモディティ）市場（commodity market），なかでも商品先物市場は，石油，貴金属などの鉱工業品や大豆，トウモロコシなどの農産物，ゴム，アルミニウムなどの工業材料，砂糖などについて，将来時点での取引条件を決めて取引を行う場所である．ただし，現物を取引することは少なく，受け渡しの期日までに反対決済を行い，差額分を決済することが多い．投機，ポートフォリオの手段として用いられることも多く，なかでも，インフレと連動する度合いが強い．

東京商品取引所の前身，東京工業品取引所は，1984年東京繊維商品取引所，東京金取引所，東京ゴム取引所の3つの取引所が統合して設立された．この東京工業品取引所は2013年，東京穀物商品取引所の農産物・砂糖市場の移管を受け，商号を株式会社東京商品取引所に変更した．世界の商品先物市場としては，ニューヨーク，シカゴ，ロンドン，ブリュッセルなどが有名である．

第3章
金融機関

3-1 中央銀行

　中央銀行（central bank）の業務は，銀行券を独占的に発行する「発券銀行」，金融機関の預金を預かるとともに金融機関に信用供与（貸出）をする「銀行の銀行」，政府の預金を預かったり関連する業務（税金の収納や公共事業費，年金の支払いなど）を行ったりする「政府の銀行」に分類される．これらの機能は先進各国中央銀行にほぼ共通となっている．
　日本銀行法第1条第1項には，「日本銀行は，我が国の中央銀行として，銀行券を発行するとともに，通貨及び金融の調節を行うことを目的とする」とある．日本銀行券は独立行政法人国立印刷局から日本銀行に引き取られ，日本銀行に当座預金を保有する民間金融機関は預金引き出しに応じるため，日本銀行から紙幣を受け取る．硬貨を発行しているのは独立行政法人造幣局である．なお，紙幣（銀行券）も硬貨（貨幣）にも法律により強制通用力があるが，1回当たりの使用枚数が同一種類で20枚を超える場合には，受取を拒否することができる．
　日本銀行法第1条第2項には，「銀行その他の金融機関の間で行われる資金決済の円滑の確保を図り，もって信用秩序の維持に資することを目的とする」とあり，それは「銀行の銀行」としての役割である．個人や企業は日本銀行に口座を持つことはできない．口座を開くことができるのは，金融機関（銀行に限らない）である．
　政府も日本銀行に口座を持っている．わたくしたちは金融機関を窓口として税金，保険料などの支払いや年金，還付金などを国から受け取るが，金融機関は日本銀行の代理店として役割を果たし，国の出納は最終的に日本銀行の当座預金で決済がなされる．なお，資金決済における信用秩序の維持に資する政策はプルーデンス政策と呼ばれており，金融政策とは区別される．

表3-1 世界の中央銀行

中央銀行	国　名	設立年
米連邦準備制度	米　国	1913年
欧州中央銀行	ユーロ圏	1998年
イングランド銀行	英　国	1694年
ドイツ連邦銀行	ド　イ　ツ	1876年
フランス銀行	フランス	1800年
カナダ銀行	カ　ナ　ダ	1934年
イタリア銀行	イタリア	1893年
スイス国民銀行	ス　イ　ス	1905年
シンガポール金融管理局	シンガポール	1971年
中国人民銀行	中　国	1948年

　日本銀行はその理念を,「物価の安定を図ることを通じて, 国民経済の健全な発展に資することをもってその理念とする」(日本銀行法第2条) と定めている. そして具体的な目的として,「物価の安定」と「金融システムの安定」をあげている (日本銀行法第1条). 前者は, 物価の安定が, 経済が安定的, 持続的に発展していく上に不可欠であるという考え方, 後者は金融機関間の資金決済の円滑化, 信用秩序の維持を図ることを意味している.

　金融システムの安定に関しては, 金融システム全体の混乱を避けるため, 必要と判断した場合, 資金繰りに問題のある金融機関に対して貸出 (特融) を行うこともある. いわゆる「最後の貸し手 (lender of last resort)」機能である. その備えから, 金融機関や市場の動向をモニタリングしたり, 金融機関に出向いて考査を行ったりする.

　こうした考え方を基礎として, 日本銀行は通貨価値の安定, 経済の安定や発展のために必要な金融政策を実施する. 通貨——すなわち円——の価値が不安定であったり使えなくなるほど価値がなくなったりすれば, どうなるか. 極端な場合, 物々交換をしなければならなくなろう. 政策手段としては公開市場操作 (open market operation), 公定歩合操作 (注意が必要), 預金準備率操作 (次節で説明) などがある. 金融政策の詳細については, 第9章で説明する.

　米国の中央銀行についても触れておく. 米国の中央銀行に該当するのは, 連邦準備制度 (FRS: Federal Reserve System) であり, その中心的な組織が連邦準備理事会 (FRBあるいはFRD: The Federal Reserve Board) である. 金融政策の決定機関は日本銀行が政策委員会, 米国は連邦公開市場委員会 (FOMC: Federal Open Market Committee) である. 金融政策の目的は, 物価の安定, 最

大の雇用，モデレート（moderate）な長期金利，となっている．

ユーロ圏（Euro area）の中央銀行は，欧州中央銀行（ECB: European Central Bank）である．本部はフランクフルトにある．金融政策は政策理事会（Governing Council）で決定される．メンバーは，総裁，副総裁，理事，ユーロ加盟国の中央銀行総裁である．同銀行は，物価と通貨価値安定を目的としている．

最後に，中央銀行ではないが，国際決済銀行（BIS: Bank for International Settlements）をあげる．BISは1930年，バーゼルに設立された．各国中央銀行から外貨準備を預かったり，銀行の健全性を保つ基準を作り，意見交換の場などを提供したりしている他，国際金融に関する各種統計を提供している．

さて，日本銀行が供給する通貨はマネタリー・ベースと呼ばれる．この通貨は次節に説明する「信用創造機能」によって銀行の預金通貨を増やす大きな力を持っているので，ハイパワード・マネーとも呼ばれる．マネタリー・ベースは，現金通貨（日本銀行券発行高＋貨幣流通高）＋日本銀行当座預金として求められる．当座預金は主に，金融機関が他の金融機関や日本銀行，あるいは国と取引を行う場合の決済手段，金融機関が個人や企業に支払う現金通貨の支払準備，さらに準備預金制度の対象となっている金融機関の準備預金から構成される．なお，準備預金制度とは，民間金融機関に対して，受け入れている預金などの一定割合（準備率）を中央銀行に原則として無利息で預けることを義務付ける制度である．

マネーストック（旧マネーサプライ）は金融部門全体で供給される通貨のことで，正確には，民間非金融部門（金融機関・中央政府以外の経済主体）が保有する通貨量の残高と定義でき，現金通貨と預金通貨などの合計として求められる．マネタリー・ベース（ハイパワード・マネー）が増えればマネーストックも増加する．

2008年に日本銀行はマネーストック統計を大幅に見直した．M_1は現金通貨（日本銀行券発行高＋貨幣流通高）＋預金通貨（要求払預金（当座，普通，貯蓄，通知，別段，納税準備）－調査対象金融機関保有小切手・手形），M_2は現金通貨＋預金通貨＋準通貨＋CD，M_3とはM_1＋準通貨＋CDである．以前にはM_2＋CDを通貨量として用いることが一般的であったが，現在では，M_2に該当する．また，M_1にゆうちょ銀行の預金残高が加わることになり，2008年以降，金額が増加している．詳細は表3-2の通り．

表3-2 マネーストックの定義

種　別	定　義
M_1	対象金融機関（全預金取扱機関）：M_2対象金融機関，ゆうちょ銀行，その他金融機関（全国信用協同組合連合会，信用組合，労働金庫連合会，労働金庫，信用農業協同組合連合会，農業協同組合，信用漁業協同組合連合会，漁業協同組合） M_1＝現金通貨＋預金通貨 現金通貨：銀行券発行高＋貨幣流通高 預金通貨：要求払預金（当座，普通，貯蓄，通知，別段，納税準備）－調査対象金融機関の保有小切手・手形
M_2	対象金融機関：日本銀行，国内銀行（除くゆうちょ銀行），外国銀行在日支店，信金中央金庫，信用金庫，農林中央金庫，商工組合中央金庫 M_2＝現金通貨＋国内銀行等に預けられた預金
M_3	対象金融機関：M_1と同じ． M_3＝M_1＋準通貨＋CD（譲渡性預金）＝現金通貨＋全預金取扱機関に預けられた預金 準通貨：定期預金＋据置貯金＋定期積金＋外貨預金
広義流動性	対象機関：M_3対象金融機関，国内銀行信託勘定，中央政府，保険会社等，外債発行機関 広義流動性＝M_3＋金銭の信託＋投資信託＋金融債＋銀行発行普通社債＋金融機関発行CP＋国債＋外債

出所）　日本銀行HP(https://www.boj.or.jp/statistics/outline/exp/exms.htm/)から．2015年2月19日に所収．

【計算問題】

問②

現金/預金比率を0.06，準備金/預金比率を0.04とすると，中央銀行がマネタリー・ベースを1兆円増加させたときのマネーストックの増加量は．

3-2　銀行業務と信用創造機能

　銀行には，情報生産機能，資産分散機能（リスク・満期変換機能）があると言われてきた．銀行の主要業務は銀行法により次の3つ（銀行の三業務と呼ばれる）と定められている．

1）預金または定期預金などの受入れ
2）資金の貸付けまたは手形の割引
3）為替取引

このうち，為替とは，振込み，振替などの決済を指す．

銀行の仕事はこれらに限定されない．上記三業務は銀行法では「固有業務」としているが，「付随業務」（債務の保証，手形の引き受け，有価証券の売買，デリバティブなど），「証券業務」（公社債や投資信託など），「周辺業務」（子会社であれば認められる，証券，保険，クレジットカード，リースなど）などを取り扱うことが可能である．

都市銀行とは都市に基盤を置き全国展開している銀行，地方銀行とは主として地方都市に本店を置き，所在する都道府県内を主たる営業基盤としている銀行で，両者に法的な区別はなく，いずれも普通銀行に属する．都市銀行の預金は企業，個人が中心であり貸出先も企業が中心になっているのに対して，地方銀行の預金は個人預金が多く貸出先は中小企業が中心となっていた．しかし，近年，都市銀行は地方銀行が中心としてきたリテール（小口）部門，すなわち個人や中小企業への営業を活発に展開し始め，銀行間の競争が激しくなっている．

信託銀行は，銀行法に基づく普通銀行のうち，信託業務を主な業務として行う銀行である．中心業務は，貸付信託，金銭信託，証券投資信託，年金信託など，金銭の信託により集めた資金を長期に貸し付ける機能と財産管理機能であるが，投資顧問業務，不動産売買の仲介，証券業務なども行っている．1985年，外資系信託銀行の国内参入が許可され規制緩和が進み，都市銀行や証券会社の信託銀行の設立も相次いだ．なお，日本において外貨建てMMF（Money Management Fund）は外国投資信託に分類され，外国証券取引口座を開設する必要がある．国内の証券会社を通じて外国株式の売買を行う場合と同様である．

在日外国銀行とは，外国に本拠を置く銀行が日本に支店などを設置するものである．法律的に国内銀行と区別されていることはないが，店舗を多数開設，全国展開しているケースはあまりなく，規模の大きな取引，デリバティブなどの事業展開をしている．

以下，国際金融関係の代表的な商品・サービスを紹介する．居住者外貨預金とは，居住者と他の居住者との間の預金契約で，居住者が本邦にある銀行などに預ける外貨建て預金である．預金通貨・金額などの定めはなく，報告の必要もない．ただし，受け入れ金額は100通貨単位，付利は1通貨単位以上，金利は東京ドル・コール市場などの実勢金利から一定の利ザヤを差し引いたものにするのが一般的である．外貨預金を外貨単位で受け入れた金融機関は，所定の

料率によって定めた金額（通常リフティングチャージ）を徴収する．なお，居住者海外預金とは，居住者と非居住者との間の預金契約で，本邦銀行の海外支店など外国に所在する金融機関への預金である（外国為替管理法）．種々規制があるが，同一銀行に複数の口座を有し，各々が1億円相当額未満の場合，月末残高の合計が1億円の相当額を超えても報告の必要はない．

　インパクト・ローンとは，居住者が日本の銀行から受ける使途の制限のない外貨建て貸付である．設定は自由で報告の必要はない．インパクト・ローンの原資となる外貨資金はユーロ市場や東京ドル・コール市場から調達するのが一般的で，外国為替市場の実勢金利に一定のスプレッドを上乗せした金利が適用される．貸出先顧客の本邦内の取引店が与信店，海外支店が実行店となることが多い．

　情報の非対称性，逆選択についても述べておきたい．金融には借り手と貸し手に情報の非対称性が存在する．例えば，返済能力と返済意志の強い借り手といずれも弱い借り手が存在していても，情報の非対称性が存在する場合，同じ条件で貸出がなされてしまう．その結果，前者の借り手には悪い条件となり，後者の借り手には良い条件になる．その結果，貸し手は前者への貸出ができず，場合によっては市場から退出することも起こりうるのである．

　国際金融業務を行う銀行にとって，クリアーせねばならぬのは，BIS規制である．国内だけで営業している銀行にもその達成が義務付けられており，国際業務を行う金融機関の必要な自己資本比率の目安として適用されている．早期是正措置においても，国際業務を行う金融機関の必要な自己資本比率の目安として適用されており，この基準をクリアーできなければ，経営健全化計画の実施計画が金融庁から発動される．

　新しいバーゼル合意，すなわちバーゼルⅡ（2006年末施行の新BIS規制；日本では2007年3月期決算から採用）においては，リスクの計算をより細かく分類した．貸出資産は，以前は100％であったが，貸出先企業の格付けで計算する場合には20-150％，中小企業向けには75％が適用される他，銀行のリスク管理手法を活用した自己資本比率の算定が認められることになった．しかし，後述するサブプライム問題をきっかけとして，景気変動を大きくしかねないとの指摘がなされ，2013年からはバーゼルⅢへ順次移行し，2019年までに完全移行することが求められている．バーゼルⅢでは，これまでのように自己資本比率8％を満たすことに加え，普通株や内部留保などで構成される中核自己資本比率

を従来の2％から4.5％へ段階的に引き上げ，さらに，資本保全のバッファーとして，2.5％の上乗せが必要とされる．このバッファー分を満たさない場合には，配当の支払い，自社株買い，役員賞与などに制限を受ける．従って，バーゼルⅢでは，コア Tier Ⅰ（中核自己資本）が7％以上であることが求められる．

世界的な金融危機の際，大銀行は経営危機に陥った．しかし，倒産するとその影響が大きいことが斟酌され，救済されるケースがあった．いわゆる，too big to fail という考え方である．国際業務を行うのなら7％，それに加えて，大銀行は Globally Systemically Important Financial Institutions（G-SIFIs）と認定されれば，1-2.5％のサーチャージを要求される（三菱東京 UFJ 銀行は1.5％になる）．

日本ではバブル経済崩壊後，金融・証券不祥事が相次いだ．米国には以前から米証券取引委員会（SEC: Securities and Exchange Commission）があったが，日本でも1992年に証券取引等監視委員会が設置，種々の審査，検査，調査に加え，相場操縦，風説の流布，インサイダー取引などの監視を行っている．

銀行以外に，証券会社にも自己資本規制が存在する．日本では，1990年4月から導入された．当初，貸出や資産の種類ごとに一定のウェートをかけて計算した資産額を分母，銀行の保有する自己資本の額を分子として計算した自己資本比率が8％を上回るように義務付けがなされた．例えば，貸出を増やす，リスクの高い資産を保有すると，分母が増加し比率は下降，逆に減らせば比率は上昇する．増資も比率の上昇になる．

信用創造機能とは，預金取り扱い機関（主に銀行）が本源的な受入預金の何倍かの貸出を行うことにより信用を増加させ，派生的預金を生み出すという理論である．X銀行にy円の本源的な預金がされた時，同銀行が$\alpha(0<\alpha<1)$の比率で手元に資金を残すとすると，X銀行はそれを除いた$y(1-\alpha)$を貸出に回す．借受人aはこれを債権者bへの支払いに当て，bはこれをY銀行に預金する．Y銀行はこれをもとにcに$y(1-\alpha)(1-\alpha)=y(1-\alpha)^2$の貸出を行う．この繰り返しで銀行全体の預金の累計はy/αとなり，信用創造によって創出される預金全体の額は本源的預金/手元に残す比率になる．$(1/\alpha)$を信用乗数と言う．国全体の信用乗数は，マネーストック/ハイパワード・マネーで，中央銀行の発行した通貨の何倍の預金通貨が民間に生み出されるかを示す

数値で貨幣乗数とも言う．

【計算問題】

問③

A社が500万円を銀行に預金した．銀行の預金準備率を10%としたとき，A社の預金をもとにした銀行全体で信用創造される預金総額と，銀行の預金準備率を20%とした場合におけるA社の預金をもとにした銀行全体で信用創造される預金総額との差額はいくらか．ただし銀行は過剰準備をせず，預金準備率の限度まで貸出を行い，銀行が貸出した預金はすべて預金として銀行へ還流するとする．

預金保険制度についても説明しておく．この制度は1930年代の大恐慌後，米国で導入されたと言われている．日本の同制度は，預金などを扱う金融機関（銀行など．ゆうちょ銀行も対象．ただし外国銀行の在日支店は含まれない）が保険料（現在，一般預金などの残高に対し0.068%）を預金保険機構に支払い，金融機関が破たんした際に，預金が保護される制度である．預金保険で保護され，払い戻しされる金額をペイオフと言う．無利息の決済用預金については，全額が保護される．利息の付く一般預金については，1つの金融機関で預金者1人当たり元本1000万円までとその利息が対象となる．1行に2つ以上の口座を保有している場合，「名寄せ」がなされる．1000万円を超える分については破たん金融機関の財産状況に応じて支払われる．なお，外貨預金，元本補填のない金銭信託，譲渡性預金，金融債などは預金保険制度の対象外になる．このペイオフは2005年に解禁となり，2010年の日本振興銀行の破たんの際にはじめて適用された（弁済は4割を下回った）．

日本の金融行政を司る金融庁は2000年に誕生した．当時，日本の金融行政を「護送船団方式」「裁量行政」と揶揄する声があった．金融庁は，市場規律と自己責任原則を基軸，透明かつ公正な行政を基本とし，金融制度の企画立案や民間金融機関などに対する厳正な検査・監督，証券取引等の監視をなどの活動を展開している．なお，金融庁は内閣府に置かれている庁であり，財務省ではない．

3-3 金利と金利の期間構造

代表的な金融機関である銀行に資金を預けると，金利を受け取ることになる．逆に資金の融資を受ければ金利を支払わねばならない．金利が上がれば消費は減り，投資も借入のコスト上昇により減少する．このように経済活動に金利は大きく関わっている．金利に影響を与える要因としては，インフレ率，景気動向，資金量，そして安全性や換金性（市場性）などがある．

以下，金利の期間構造について説明する．ここでは代表的な3つの考え方を紹介する．

1) 「流動性プレミアム理論」：満期までの期間が長い（短い）ほど流動性が低下（上昇）するので，それを補うために金利が高く（低く）なる．
2) 「選好仮説」：貸し手は短期，借り手は長期取引を好むので，短期市場では供給，長期市場では需要が大きくなるので，短期金利＜長期金利となる．
3) 「期待理論」：短期で運用を更新しても長期で運用を更新しても，最終的な期待値は変わらないと考える．

図3-1のように縦軸に金利，横軸に満期までの期間をとり，期間と利回りの関係を描いたものがイールドカーブである．1)，2) の考えでは将来，短期金利の上昇が見込まれるので，右上がり（順イールド：図3-1の左）になる．3) の考えでは，現在の短期金利が高い場合，将来の短期金利は下がると考えるのでカーブが右下がりになることもある（逆イールド：図3-1の右）．現実に

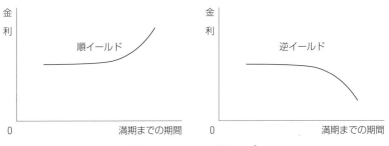

図3-1 イールドカーブ

は，流動性，期間への選好などもイールドカーブに反映される．

3-4 証券会社

証券会社の設立に関しては，1998年には免許制から登録制になった．以来，外資系金融機関や異業種の日本での証券会社設立が相次いでいる．

証券会社に関して，以下の4つの業務があげられる．

1) アンダーライティング（underwriting）業務
2) セリング（selling）業務
3) ディーリング（dealing）業務
4) ブローカレッジ（brokerage）業務

以下，各々について説明する．

1) 発行された証券を証券会社が買い取り，投資家に転売する．証券会社は売れ残りのリスクを負う．
2) 発行体である企業などの委託を受けて新たに発行された証券を販売する．証券会社は売れ残りのリスクを負わなくてよい．
3) 証券会社が利益を得る目的で自ら投資家として証券の売買を行う．
4) 投資家の依頼を受けて，有価証券の売買注文を市場に取り次ぐ．

証券市場とは有価証券の売買が行われる市場の総称のことで，「発行市場（プライマリー・マーケット）」と「流通市場（セカンダリー・マーケット）」に分けられる．発行市場とは発行体が有価証券を発行して資金調達をする場であり，投資家に資金運用手段を提供する．流通市場とは有価証券の保有者に売買，換金の場を与える場である．証券取引所は，証券取引を提供すると同時に，取引の監視，上場基準の設置と審査，上場企業の監視などを行っている．

発行市場の取引価格は，流通市場の価格を参考に協議あるいは入札によって定められる．流通市場は有価証券に流動性を付与するとともに公正な価格を形成，提示する役割を持っている．流通市場の取引には証券取引所取引と店頭取引とがある．日本の債券流通市場は，国債先物を除けば，そのほとんどが店頭取引である．

世界の主要な証券取引所としては，ニューヨーク，東京，ロンドン，フラン

クフルト，パリなどがある．また ICT（Information, Communication, and Technology）の進展とともに店頭市場を含む取引所外市場との競争も激化している．世界では取引所の再編・統合化が図られている．目的は，利便，効率性の向上を図り，競争力を維持するためと考えられる．2007年にはユーロネクスト（2000年にパリ証券取引所，アムステルダム証券取引所，ブリュッセル証券取引所が合併しユーロネクストに）とニューヨーク証券取引所を運営する NYSE グループが合併し，NYSE ユーロネクストになった．同年には，NASDAQ ストックマーケットも経営統合を行っている（北欧諸国の証券取引所 OMX と合併して NASDAQ OMX Group に）．さらに，2013年には米インターコンチネンタル取引所（ICE）が，NYSE ユーロネクストを買収した．ICE は NYSE ユーロネクストを傘下にし，デリバティブ，現物から商品先物まで扱う巨大取引所になった．2014年にはシンガポールマーカンタイル取引所も買収している．

　こうした動きもあり，日本では，証券取引所の株式会社化が1999年の証券取引法改正で可能になった．地方の取引所は合併するなど合理化も進められた．2013年に東京証券取引所と大阪証券取引所が合併，日本取引所グループが発足，株式の現物（spot）取引とデリバティブ取引をそれぞれ1つに統合した．

　新興株式市場とは，一般に，規模や実績はないものの，成長が期待される企業の資金調達が行われる市場である．伝統的な取引所取引の対象にはなじまないために創設されたと考えられる．日本では2つの大きな流れがある．1つは，日本証券業協会が1963年から新興企業・中堅企業向けに開設した株式店頭市場の流れをくむ JASDAQ 市場である．1983年の登録基準，店頭公開企業の公募増資規制緩和，1998年の店頭市場運営への集約を経て，2001年7月から従来の「店頭売買有価証券市場」に代わり「JASDAQ 市場」を公式名称として採用している．もう1つの流れは証券取引所が主導したものであり，1999年11月，東京証券取引所がマザーズを，2000年6月には大阪証券取引所がナスダック・ジャパンを創設した．しかし，ナスダック・ジャパンは，大阪証券取引所と業務提携をしていた米国ナスダックの日本からの撤退により，ニッポン・ニュー・マーケット（ヘラクレス）に名称変更した．2010年にはさらに，大阪証券取引所が開設しているニッポン・ニュー・マーケット「ヘラクレス」と JASDAQ 市場及び NEO 市場が新たに開設される新興市場「JASDAQ」へ市場統合された．各地の証券取引所が開設している市場としては，セントレックス（名古屋），アンビシャス（北海道），Q-board（福岡）がある．

取引には，オークション方式（最も低い価格の売り注文と最も高い買い注文を合致させる）とマーケットメーク方式（買い気配と売り気配を常に提示して売買が行われる）があるが，前者が一般的である．注文は指値（指定した価格よりも高ければ売る，もしくは安ければ買う）と成行（売りに出された株式のうち最も低い（高い）株価での約定）がある．むろん，成行の方が一般に成立しやすい．また，現在，取引所に集まって取引がなされるケースはまれで，コンピュータが売買のマッチングを行っている．以前は「手サイン」なども用いて，取引所に集まり取引が行われていた．

国際金融取引について，補足を行う．居住者と非居住者間で資産運用を目的として行われた証券の取得などの取引は，原則，事後報告をするのみで自由である．1億円相当額以下の取引の場合，報告は不要である．1億円相当額超の取引の場合，財務大臣への報告が必要である．報告は，当該取引を行った翌日から起算して20日以内に，日本銀行を経由して行う．

3‐5 債券と株式

A．債券（bond）

債券は，長期に亘って資金調達をするための手段である．発行者によって，国債，地方債，政府保証債，社債などに分類できる．株式と異なり，満期時の額面金額，利率，満期日が定められているので，投資家は安定的な収益を得ることができる．株式と同様，発行者が債券を発行する市場を発行市場（プライマリー・マーケット），それを売買する市場を流通市場（セカンダリー・マーケット）と言う．

債券の利回り（利付債）は，$\dfrac{1 年当たりの利子＋(売買差額/年数)}{購入額}$ となる．ここで注意すべきなのは債券価格が値上がりすると，利回りが低下することである．

債券を金利により分類する．割引債は額面金額から利息分が差し引かれた価格で購入，満期に額面が支払われる．利付債は，毎期に利息（クーポン）が，満期日に額面が支払われる．額面に対する利息の割合を表面利率（クーポン・レート）と言う．

割引債（複利）の場合を考える．市場価格を P，額面を M，満期まで n 年，

利回り（割引率）を r とする．満期まで 1 年の場合，$P(1+r)=M$，2 年の場合，$P(1+r)(1+r)=M$，n 年の場合には，$P(1+r)^n=M$ という関係が成立する．ゆえに，$P=\dfrac{M}{(1+r)^n}$　$r=\sqrt[n]{M/P}-1$ となる．この場合，$\dfrac{1}{(1+r)^n}$ は割引率（discount rate）となっている．

【計算問題】

問④

額面100円，発行価格92円の 4 年物割引債の利回りはいくらか．

コンソル債という債券がしばしば引用される．この債券は償還期限がなく，永遠に利子が支払われる債券である．しかし，現在，ほとんど発行されていない．各期の利回りを一律に r，利払いを C とすると，価格 P は $\dfrac{C}{(1+r)}+\dfrac{C}{(1+r)^2}+\cdots\cdots=\dfrac{C}{r}$ となる．

【計算問題】

問⑤

毎年100円の利払い，利率が年 2 ％のコンソル債の現在価値はいくらか．

次に，利付債（単利）の場合，価格を P，額面を M，クーポンを C，利回りを r とすると，満期まで 1 年の場合，$P(1+r)=C+M$，2 年の場合，$P(1+2r)=2C+M$，n 年の場合，$P(1+n\cdot r)=n\cdot C+M$ となり，$P=\dfrac{n\cdot c+M}{1+n\cdot r}$，$r=\dfrac{C+(M-P)/n}{P}$ となる．

【計算問題】

問⑥

残存期間 2 年，表面利率（クーポン；年率）1 ％，額面100円の単利利付債券を101円で購入した場合の利回りは．

利付債（複利）の場合には，下記の関係が成立する．P は利付債の価格で，割引現在価値である．利回りは，この式を満たす r となる．なお，額面と市場価格が等しければ，利回りはクーポン・レートと同じになる．

$$P=\frac{C}{(1+r)}+\frac{C}{(1+r)^2}+\cdots\cdots+\frac{C}{(1+r)^{n-1}}+\frac{C+M}{(1+r)^n}$$

なお，応募者利回りとは，債券発行時に購入した債券を満期まで保有した場合の利回り，最終利回りは既発債を購入して償還期限まで保有した場合の利回りである．

B．株式 (stock)

株式と債券の大きな相違を**表 3-3** に示す．

株式の発行市場では，新規公開，株主割当増資，第三者割当（特定の相手に新株を割当て），公募が行われ，発行された株式が流通市場で売買される．株価の指数としては，日経平均株価，東証株価指数（TOPIX）が有名である．前者は，東証第 1 部上場銘柄から選んだ 225 社の株価の単純平均で，毎年秋に銘柄の入れ替えが公表される．後者は東証第 1 部全上場銘柄を対象とし，上場株式数によるウェート付けがなされ，1968 年 1 月 4 日時点を 100 とする指数である．当然，時価総額の大きな銘柄からの影響を受けやすい．

収益率（1 年）を k，配当を D（年間）購入時の株価を P_0，1 年後の株価を P_1，安全資産の金利を r，リスク・プレミアムを ρ とすると，

$$k=\frac{D+(P_1-P_0)}{P_0}=r+\rho$$

変形すると，$P_0=\dfrac{D+P_1}{1+r+\rho}$ となる．これより，配当の上昇，安全資産の金

表 3-3　株式と債券の違い

項　目	債　券	株　式
元本の保証	有	無
金利・配当	確　定	不確定で変動
貸借対照表	負　債	資　本
満　期	有	無
議決権（経営参加）	無	有

利の下落,リスク・プレミアムの低下が株価の上昇を導くことがわかる.

【計算問題】
問⑦
ある会社の株価は市場で効率的に決定されていると仮定する.1株当たりの配当額は30円,株式所有者がこの会社の株式に要求するリスク・プレミアムを3％,同じく株価の予想上昇率(キャピタル・ゲイン)を4％,長期金利を4％とする.株価はいくらか.

ここで,分散投資に関するポートフォリオ理論について紹介する.合理的な投資家はリスク回避のため分散投資を行う.2種類の資産(安全資産Aと危険資産B)のケースを想定しよう.資産A,Bの収益率をR_A,R_Bとすると,このポートフォリオPの収益率R_Pは$R_P = aR_A + bR_B$ (a, bは定数, $a+b=1$)となる.分散値は$\sigma_P^2 = a^2\sigma_A^2 + b^2\sigma_B^2 + 2ab\rho_{AB}\sigma_A\sigma_B$ (σは標準偏差,ρは相関係数).ここで$\rho_{AB}=-1$のとき,すなわち危険資産が全く正反対の動きをするとき,リスクは最小になる.投資家がリスク回避を目的とすれば,σ_Pが最小になるような組み合わせが選ばれる.ポートフォリオによる株式市場の代表的な理論が,CAPM (Capital Asset Pricing Model: 資本価格形成モデル)である.個々の株式の期待収益率r_iは,$r_i = r_f + \beta_i(r_m - r_f)$で表される.ここで$r_i$は資産iの期待収益率,$r_f$は安全資産fの期待収益率,$r_m$は市場ポートフォリオmの収益率である.$\beta$は$cov(r_i, r_m)/var(r_m)$である(巻末数学公式を参照).上式を変形すれば$r_i - r_f = \beta_i(r_m - r_f)$となる.この意味は「任意の資産の期待超過リターンは市場ポートフォリオの期待超過リターンのβ倍である」ということである.βは両者間の感度で,業績の変動が激しい産業・企業では大きく,安定した産業・企業では小さくなる傾向がある.

【計算問題】
問⑧
CAPMを想定する.安全資産収益率は2％,市場ポートフォリオの期待収益率は6％とする.株式の市場リターンに対する資産リターンの感応度が1.1であるとき,株式の期待収益率はいくらか.

ポートフォリオのパフォーマンス評価はどのように行われるのか．代表的なものとしては，シャープ測度，トレーナー測度，ジェンセン測度の3つがある．

  シャープ測度： (ポートフォリオの投資収益率－無リスク利子率)/ポートフォリオの標準偏差
  トレーナー測度：(ポートフォリオの投資収益率－無リスク利子率)/ポートフォリオβ
  ジェンセン測度：ポートフォリオの投資収益率－[無リスク利子率＋β(市場ポートフォリオリターン－無リスク利子率)]

これらはいずれも，リスクを負担することで得ることができる収益率より，どれだけの超過収益率をあげることができるかを判定する尺度で，シャープ測度は，リスクである標準偏差を負担することによりどれだけの超過収益率を得ることができるか，トレーナー測度は，リスクであるβを負担することによりどれだけの超過収益率を得ることができるか，ジェンセン測度は，ポートフォリオ投資収益率がCAPMよりどれだけの超過収益率を得ることができるかを判定する．

最後に，株価に関する代表的な指標をあげておく．

  PER（株価収益率）：株価/1株当たり純利益 低ければ割安
  PBR（株価純資産倍率）：株価/1株当たり純資産 低ければ割安
  ROE（自己資本利益率）：株価/1株当たり利益 低ければ割安

3-6 その他の金融機関

A．保険会社

 生命保険会社と損害保険会社に分けることが多い．生命保険会社は，保険料という形で資金を集め，金融市場などで運用し，被保険者の死亡，病気，けがなどの場合に一定額を保障する会社である．運用は一般に長期になる．損害保険会社は，財産に対する不測の損失を補償することを約して保険料を徴収する会社である．損害保険の多くは財産を守るための保険である．保険対象は，家屋，家財，自動車などであり，火災保険，地震保険，自動車保険，傷害保険その他が主要な商品になる．運用は一般に短期になる．

第3章 金融機関

1996年4月に施行された新保険業法によって，子会社による生命保険事業と損害保険事業の相互参入が認められることになった．

【計算問題】
問⑨
ある個人の所得は不確実で，40%の確率で100万円，60%の確率で2700万円になる．この個人の所得 x に対する効用関数 u(x) は $u(x)=x^{\frac{1}{3}}$ とする．この個人に y 円の所得を保証する保険が提供されたとき，所得 y がいくら以上ならば，この個人は保険に加入するか．

【計算問題】
問⑩
同じく，ある個人の所得は不確実で，80%の確率で100，20%の確率で0になる．また，この個人の可処分所得 x に対する効用関数 u(x) は $u(x)=x(300-x)$，x<150 とする．事前に保険料を q 払うと，実際に所得が0の場合に100の保険料が受け取れる保険が提示されたとき，この個人にとって保険へ加入することとしないことがちょうど無差別になるような保険料 q の額はいくらか．なお，可処分所得は 100−q とする．

B．政府系金融機関

政府の全額または一部出資により政府の指示に基づいて金融業務を行う金融機関であり，経済発展，国民生活の安定などの政策を実現する役割と，民間金融機関では不可能な金融を引き受け，それを補完する役割を担っており，政策金融機関とも呼ばれる．かねてから，政府系金融機関の比重の高さ，民間金融機関との競合性が指摘され，行政改革の重要な柱として，統廃合が行われてきた．

かつては官営であった郵政は，曲折をたどって，2007年から民営化が開始され，持ち株会社「日本郵政」の傘下に，郵便事業，郵便局，ゆうちょ銀行，かんぽ生命保険の4社が構成され，2012年には郵便事業と郵便局が統合されることになった．ゆうちょ銀行とかんぽ生命保険の株式は，「できるだけ早く売却」という方針になっている．2015年秋には，日本郵政と傘下のゆうちょ銀行とかんぽ生命保険を含む3社の株式が同時上場する．うち，ゆうちょ銀行とかんぽ

生命保険2社の株式については，日本郵政による保有割合が50％程度になるまで売却され，売却による収入は2011年の東日本大震災からの復興財源に充てられる予定である．

現在，政府系金融機関は，「住宅金融支援機構」，「日本政策投資銀行」，「日本政策金融公庫」，「商工組合中央金庫」などである．

C．中小企業金融機関

民間の中小企業金融機関の代表は信用金庫，信用組合である．信用金庫は，「信用金庫法」に基づく会員の出資による協同組織の非営利法人で，「国民大衆のために金融の円滑を図り，その貯蓄の増強に資すること」を設立の目的としている．この点，銀行が営利を目的とする株式会社であることと大きく異なっている．会員以外への貸出にはさまざまな制約がある．

信用組合は，「中小企業等協同組合法」による協同組合員の出資による協同組織の非営利法人で「組合員の相互扶助を目的とし，組合員の経済的地位の向上を図ること」を目的としている．信用金庫以上に，組合員以外の預金，貸出に制限が設けられている．信用金庫，信用組合とも，業務内容，取扱商品は銀行と大差ない．

D．消費者金融会社

消費者金融会社の存在も無視できない．法律には「消費者金融」という文言はないが，個人を中心に無担保，即決，時に無保証人で少額を高利で融資をするノンバンクが，そのように呼称されるようになった．最近では銀行も通常とは異なる高金利でのカードローンなどの提供を開始している．

E．クレジットカード会社

クレジットカードは現金に並ぶ決済手段の1つである．カード専門会社や信販会社の他，銀行やデパートなどもクレジットカード業の子会社を持っている．近年では，金融機関の現金自動支払機からのキャッシングも可能である．さらにリボルビング機能（あらかじめ決められた金額を，回数を定めず毎月返済する）の付加，電子マネーとのリンクもなされている．海外では本人確認の意図でクレジットカードの提示を求めることも多く，使用が増えている．反面，不正利用，盗難，紛失などにより保有者とカード会社が被る損害も存在する．ほとんどのカードには，これら損害の補償，海外旅行傷害保険などのセキュリティ機能が付加されている．

F．異業種からの参入会社

異業種の参入も進んでいる．新生銀行（旧日本長期信用銀行）の経営主体はリップルウッドを中心とした投資組合であった．あおぞら銀行（旧日本債券信用銀行）はソフトバンク，オリックス，東京海上火災保険（当時）などの投資グループであった．インターネット専業のソニー銀行，セブン銀行も同様である．

ネットの活用も盛んである．ソニー銀行以外にも，ジャパンネット銀行，住信SBIネット銀行などの専業銀行が興隆し，松井証券，楽天証券，カブドットコム証券などは，ネット注文の利便や手数料の安さを売り物にしている．

3–7 決済システム

全ての経済活動は決済の実行によって完結する．決済が実行されないか，計画通り実行されないことにより被る被害を決済リスクと言う．決済リスクは，その原因から，以下の5つに分類される．

1）信用リスク（credit risk）：相手のデフォルト（債務不履行）や財務内容の悪化などで，債務の返済がされないリスク．うち，時差を伴う外国為替（外為）決済リスクはヘルシュタット・リスクと呼ばれる．
2）流動性リスク（liquidity risk）：システム参加者の資金不足のために，債務が履行されないリスク．
3）システミック・リスク（systemic risk）：一金融機関の支払不能が，他金融機関に連鎖し，決済システムや金融市場全般に影響がおよぶリスク．
4）オペレーショナル・リスク（operational risk）：事務ミスやコンピュータシステムのダウンなどが決済に支障をもたらすリスク．
5）リーガル（法的）リスク（legal risk）：法制度の不十分さや各国間の不一致に起因する信用リスクや流動性リスク．

多くの中央銀行では一定の時刻（時点）でまとめて決済する「時点ネット決済」を使っているが，上記の諸リスクを回避するため，短期金融市場での決済を取引ごとに全額の決済を行うRTGS（Real Time Gross Settlement：即時グロス決済）がスタートした．日本銀行は2001年に導入をしている．

決済は対面方式で即時実行することが原則であるが，それが困難であったり，

非効率であったりすることがある．そのため金融機関が仲介して，決済を集中的に行う決済システムが作られている．日本では，手形や小切手用の「手形交換システム」，内国為替用の「全国銀行データ通信システム（全銀システム）」，大口当座預金の決済用の「日銀ネット」，外国為替円取引用の「外国為替円決済システム」が代表的である．なお，外国為替市場でのネッティング決済は，1998年に自由化された．しかし，相手国の国内法で認められていないケースもあるので注意が必要である．

近年，決済に特化した銀行やネット専業銀行が登場している．決済専門銀行は，銀行が大きな業務としてきた融資活動は基本的に行わない．鍵となるのは言うまでもなく収益性である．店舗を開設せず，コンビニエンスストアなどを用いる形式が増加していて，人員の削減につながる利点があるが，決済を行う以上，決済システムに加入しなければならず，加入コストの負担が必要である．ネット専業銀行も，インターネットや携帯電話の普及で利用者の利便性が大きくなり，銀行側には店舗コストの低減，人件費の削減などの利点があるが，決済システム・コストの負担増，競争の激化による決済手数料の減少など問題点もある．

なお，外貨で決済する場合，以前は届け出が必要であったが，現在は不要であり，自由化が進んだ．

3-8　行動ファイナンス

最後に，行動ファイナンスについて説明する．行動ファイナンスとは，人間の不合理とも言える行動や心理学的な要素を組み入れた経済学である行動経済学を金融分野に応用した理論である．レストランのメニューの中で最高額と最低額の料理は選択されず，間の料理が選ばれることが多いという話を聞いたことがあるかもしれない．金融の分野でも，その理論の有用性が認められるようになってきている．

本書では，第2章で2期間モデルの説明をした．それを多期間に広げた場合，現在と将来間における価値の割引について，将来の100円は現在の100円よりも価値が小さい，近接するどの2期間でも割引率が同じ，と考えることが多い．しかし，そもそも，将来における所得や利子率などの情報を入手できるのか，効用がその期の消費のみに依存すると考えてよいのか，などの問題が提起され

る．例えば消費者は近い将来を，遠い将来よりも多く割り引いて行動するのではないか（忍耐強くなる）といった点が指摘されている．

証券取引などにおいて，ケインズの美人投票という考え方が使われることがある．ケインズが，投資家の行動原理を示すのに用いた事例で，「新聞紙上において掲載された100枚の女性の顔写真から最も美しい人に投票してもらい，最も投票が多かった人に投票した人に賞を与える」とした場合，「投票者は自分が最も美人と思う人に投票するのでなく，平均的に美人と思われる人に投票する」とした．金融市場における投資行動の場合，理論的に最も良い会社が投資対象にならず，投資対象に関する以前の経験，風評による判断，極端に評価の高いあるいは低い対象の除去，ランダムな推理，類似した状況からの推測などが検証されている．

行動ファイナンスの分野では，保守主義（conservation: 以前から持っていた信念を変えるのに時間が必要），自信過剰（over-confidence），プロスペクト理論（prospect theory: 正の期待値を得ることができる場合には確実なものを好んでリスク回避的になり，負の場合にはリスク追求的になる），メンタルアカウンティング（mental accounting: 個々の評価をしてしまい全体での評価を怠る）などが提起されている．

実験経済学も認知されるようになってきた．経済学というと，数式を用いてモデルをつくり……という印象が強いかもしれないが，実験や調査により，理論の検証や市場メカニズムの解明を行う方法と解される．

第4章
為替レートの決定と決定理論

4−1 為替レートの決定

為替レートとは，通貨の交換比率である．通貨の尺度（価値所蔵，価値尺度，交換手段）からすると価値尺度に該当する．では変動相場制の場合，為替レートはどのように決まるのか．確実に言えるのは，他の財やサービスと同様，市場での需要と供給が為替レートを決定することである．

図4−1のDはドルの需要曲線で，為替レート（円価格）の負の関数（ドル安・円高により需要が増加）となる．同じくSはドルの供給関数で，円価格の正の関数（ドル安・円高により供給が減少）となる．需要と供給が一致する，1ドル＝100円で為替レートが決定されるとする．ここでドルへの需要が増加し，D′になったとする．すると為替レートは120円になる．変動相場制ではこのように，通貨の需給によって為替レートが決定されることになる．

需要曲線，供給曲線がそれぞれ右下がり，右上がりになるとは限らない．式でドルの需要を表すと次のようになる．

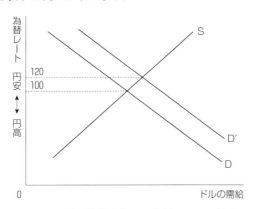

図4−1　外国為替市場での為替レートの決定

$$V = P \cdot Q$$

Vはドルの需要量，Pは価格，Qは数量である．両辺の対数を微分すると，

$$\frac{dV}{V} = \frac{dP}{P} + \frac{dQ}{Q}$$

$$\frac{dV}{dP} = \left(1 + \frac{dQ}{Q}/\frac{dP}{P}\right)Q$$

$\varepsilon = -\dfrac{dQ}{Q}/\dfrac{dP}{P}$ は価格弾力性で，ε が1より大きい場合は図のように需要曲線は右下がりとなるが，1より小さい場合は右上がりとなる．

4-2 購買力平価説

購買力平価説（purchasing power parity theory）とは，為替レートが2国間の通貨の購買力によって決まるとの説である．ある時点で，国際間で同質的な財に異なる価格が付いていたら，自由な市場では安いところで購入，高いところで売却する動きが起き，価格は均一になるはずである．これが一物一価の法則（law of one price）である．一物一価の法則が成立すれば，為替レートは相互の通貨の購買力で定まることになり，以下の式で均衡する．

$$P = S \cdot P^*$$

P：自国財の価格　P*：外国財の価格　S：為替レート

この式は「絶対的購買力平価説」といわれる．当然のことながら，この式が成立するためには，すべての財やサービスが自由に貿易されねばならないので，厳密には成り立ち得ない．嗜好の相違も各国に存在する．また，貿易財だけでなく，非貿易財も各国には存在する．さらに，輸送費用や関税，通貨の交換などの付加費用，資本規制もあるので非現実的である．

そこで，2国間の物価上昇率の差に着目する「相対的購買力平価説」が有用である．物価変動が2国間で異なるとき，新しい為替レートは以下の式で求められる．

新為替レート＝旧為替レート×（自国のインフレ率÷相手国インフレ率）

また，すでに学んだ実質為替レートが用いられる．

$$\frac{SP^*}{P} = \kappa$$

為替レートが絶対的購買力平価説による場合，実質為替レートは1であるが，先に述べた理由などにより必ずしも1にはならない．式から読み取れるように，絶対的購買力平価説が成立すれば相対的購買力平価説も成立するが，その逆はない．

非貿易財という概念に関して，「バラッサ・サミュエルソンの定理」について説明する．上述の通り，実質為替レートは，$\frac{SP^*}{P}$ で表される．技術進歩率の高い製造業などからなる貿易財分野での労働生産性は，一般に，サービス業などから構成される非貿易財分野での労働生産性よりも高い．ゆえに，労働生産性の上昇は，貿易財の部門の賃金を上昇させる（貿易財の価格は一定とする）．すると，貿易財から非貿易財分野へ労働移動が発生する．しかし，非貿易財の部門での労働生産性は上昇していないため，実質賃金を一定に保つよう，非貿易財の価格が上がる．それにより，物価が上昇するとともに，実質為替レートが増価する．結果として，「貿易財分野の生産性上昇は，物価を上昇させ，実質為替レートを増価させる」という，バラッサ・サミュエルソンの定理が成立する．バラッサ・サミュエルソンの定理は，先進国よりは発展途上国に起こる傾向が強い．

【計算問題】

問⑪

ある年の日本，米国の物価を100，為替レートを1ドル＝120円とする．1年後の日本の物価を90，米国の物価を110とすると，購買力平価に基づく為替レートはどうなるか．

【計算問題】

問⑫

基準時点における直物為替レート（円/ドル）が1ドル＝100円であり，両国の物価水準がともに100であったとする．一定期間経過後の為替レートが98円に

変化したとする．この間，日本における物価の変動はない．相対的購買力平価説に従えば，米国の物価水準の変化率は何％か．

物価の変化には，生鮮食料品やエネルギー価格などを除いて，一般に時間が必要であるので，短期において物価は硬直的である．しかし物価が伸縮的に変動する長期においては，相対的購買力平価説とこの後説明するカバーなし金利平価の条件が同時に成立することになる．

為替レートの変化率は $\frac{dS}{S}=\frac{dP}{P}-\frac{dP^*}{P^*}$ であるが，予想（期待）値に入れ替えると，$\frac{dS^e}{S^e}=\frac{dP^e}{P^e}-\frac{dP^{*e}}{P^{*e}}$ となる．これは予想相対的購買力平価と言われている．さらに，カバーなし金利平価の箇所で説明するが，為替レートの予想変化率は名目金利の差（i−i*）に等しいので，$i-\frac{dP^e}{P^e}=i^*-\frac{dP^{*e}}{P^{*e}}$ となる．フィッシャー（I. Fisher）の方程式は，名目金利は実質金利に予想インフレ率を加えたものになる，という考え方である．すると，左辺は自国の実質金利，右辺は外国の実質金利を表している．そこで，この関係 $\left(i-\frac{dP^e}{P^e}=i^*-\frac{dP^{*e}}{P^{*e}}\right)$ は，実質金利平価（real interest rate parity）と言われる．

なお，一物一価の式を応用して考案された実用的手法に，ビッグマック指数がある．世界のビッグマックの価格を用いて為替レートを算出し，それと現実の為替レートを比べることがしばしば行われる．最近では，スターバックス指数なども使われているようである．

4-3 マネタリー・アプローチ

マネタリー・アプローチは，購買力平価説により，為替レートが通貨市場と財（生産物）市場の均衡により決定されると考える．購買力平価説は以下の式で表すことができた．

$$S=\frac{P}{P^*}$$

貨幣供給量を M, 所得を Y, 名目金利を i とすると, M は, Y, i の関数で, $\frac{M}{P}=L(Y, i)$. すると, $P=\frac{M}{L(Y, i)}$ になる.
外国も同様に考え, 区別するために＊を付すと, 以下の式が成立する.

$$S=\frac{M}{M^*} \cdot \frac{L^*}{L}$$

　為替レートは, 相対的な通貨供給と相対的な通貨需要で決まることが理解できる. このアプローチは資産（アセット）市場における資産ストックに対する需給に注目しており, 後述するポートフォリオ・アプローチとともに, アセット・アプローチとも呼ばれる. このうちマネタリー・アプローチは, 資産市場の中でも通貨市場に注目していると考えられる.
　式をやや厳密にし, 対数に変換しよう. 実質通貨需要を所得（増加関数）, 金利（減少関数）の関数とすると, $L=(Y, i)=Y^{\phi}e^{-\lambda i}$ である. ただし, ϕ は所得弾力性, λ は利子セミ（半）弾力性, e は自然対数の底である. 通貨需要の所得弾力性は, 通貨需要の変化率／所得の変化率で, $\frac{dL/L}{dY/Y}=\frac{dL}{dY}\frac{Y}{L}$ $=(\phi Y^{\phi-1}e^{-\lambda i})\frac{Y}{Y^{\phi}e^{-\lambda i}}=\phi$, 同じく利子半弾力性は, $\frac{dL/L}{di}=\frac{dL}{di}\frac{1}{L}$ $=(-\lambda Y^{\phi}e^{-\lambda i})\frac{1}{Y^{\phi}e^{-\lambda i}}=-\lambda$ となる. したがって, いずれも対数で表記すると, $s=p-p^*$, $m-p=\phi y-\lambda i$, $m^*-p^*=\phi y^*-\lambda i^*$ となり, $s=(m-m^*)-\phi(y-y^*)+\lambda(i-i^*)$ となる.

4-4　カバー付き金利平価とカバーなし金利平価

　購買力平価説とマネタリー・アプローチは, 財市場から為替レートを分析していると言える. しかし, 資産（アセット）市場から為替レートを分析する必要性が指摘されてきた.
　円とドルで考える. 1 円を円で運用すると仮定する. 該当期間の金利を i×100％とすると, 期間後の元利合計は (1+i) 円である. 一方, 1 円をドルで運用して, 先渡契約を結び円に戻すと元利合計は, $\frac{f}{s}(1+i^*)$, s は直物為替レ

ート (spot exchange rate), f は先渡の際に適用される為替レート (forward/future exchange rate), いわゆる先物為替レートである.

すると,

$$(1+i) = \frac{f}{s}(1+i^*)$$

$$\frac{f-s}{s} = \frac{i-i^*}{1+i^*}$$

ここで $\frac{f-s}{s} \cdot i^*$ が微小であると仮定すると（現実を考えればさほど違和感はないであろう）, $\frac{f-s}{s} = i-i^*$ が成立する. これをカバー付き金利平価の条件と言う. $\frac{f-s}{s}$ がプラスの場合を先物プレミアム, マイナスの場合を先物ディスカウントと呼ぶ. 引き続き円とドルのケースで考えれば, 円金利が対価となるドル金利より低いときの先物為替レートは円安（ドル高）になる.

先渡取引を行わない場合, 満期の直物為替レートは予想を充てることになり, f が s^e （直物為替レートの予想）となる. これをカバーなし金利平価の条件と言う. $(1+i) = \frac{s^e}{s}(1+i^*)$ から, 同様に $\frac{s^e-s}{s} \cdot i^*$ が微小であると仮定すると, $\frac{s^e-s}{s} = i-i^*$ を得ることができる. これがカバーなしの金利平価の条件式である.

このカバーなしの金利平価が成立するためには, 投資家がリスク中立的でなければならない. もし投資家がリスク回避的であれば, リスク・プレミアムが発生し, その存在はカバーなし金利平価からの乖離を生むことになる. この条件は相当厳しいことは理解できるであろう. もし成立するならば, 自国通貨建て債券と外貨建て債券を完全な代替物としてとらえていることになる. 期待収益の分散なども配慮されない.

図4-2は, カバーなし金利平価の場合の収益率と為替レートの関係を示したものである.

図4-2のように, $s=s^e$ のとき, 2つの投資の収益率は等しくなる. S_1 のときには, 外国債の収益率＜自国債の収益率となっており, 自国通貨の増価が

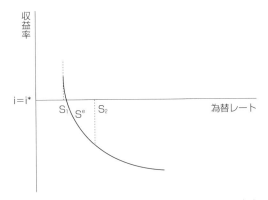

図4-2 カバーなし金利平価と為替レートの決定

発生している．S_2のときには，外国債の収益率＞自国債の収益率となっており，自国通貨の減価が発生している．為替レートが$s=s^e$のとき，両国の金利は等しい．

【計算問題】

問⑬
自国と外国の資本移動は自由である．今期の自国債券の利子率は2％，外国債券の利子率は3％，来期の自国通貨建て為替レートの期待値は1ドル＝120円であるとき，今期の為替レートは．

ここで，効率的市場仮説について説明する．外国為替市場を引き続き考える．為替レート（株価でもよい）という資産価格が，現時点での利用可能なすべての情報を反映していると考えれば，裁定の機会は存在せず，為替レートの変動の予想は不可能となる（意味がない）．投資家もそれに従い，合理的予想を持つことになる．

合理的な投資家は，その時点でのあるべき為替レートを正確に理解しているため，仮にそれよりも円高（円安）になれば，円を売却（購入）する．すると為替レートの動きは安定的になる．仮にノイズ・トレーダーのような者が存在して，円高（円安）の際に購入（売却）すれば，損失を被り，市場から退出を余儀なくされる．

先のカバー付き，カバーなしの式において，直物為替レートの予想値が合理

的期待により形成されれば，先物為替レートは同じ時期（受け渡しが行われる時期）の直物為替レートの偏りのない（unbiased）予想値になる．この両者の間の予測誤差は，事前に予想できない（unexpected）為替レートに影響を与える情報（ニュース）と誤差によって決定されることになる．

4–5　為替レートのオーバーシューティング

アセット・アプローチの先駆的なモデルとして，ドーンブッシュ（R. Dornbusch）(1976)のモデルを紹介する．i を円金利，i^* をドル金利，x を為替レートの減価率とすると，

$$i = i^* + x$$

になる．この式は，カバーなしの金利平価式であり，異通貨建て資産間の完全代替性を示している．

次に，先の式を参考に，内外予想物価上昇率の差により為替レートが θ の調整スピードで均衡為替レートに回帰していくと予想すると，

$$x = (p - p^*) + \theta(e^* - e)$$

p：日本の予想物価上昇率
p*：米国の予想物価上昇率
e：均衡為替レート（対数値）
e*：為替レート（対数値）
θ は正のパラメーターで，調整速度を表す．

　2つの式から下記を導くことができる．

$$e = e^* + (1/\theta)[i^* - p^*] - (i - p)]$$

この式より，為替レートは，内外の実質金利（日本の場合 $i-p$）差に比例して均衡為替レートからかい離することになる．この議論では，円建て債（アセット）とドル建て債（同）は完全な代替資産であり，両者の予想収益率は一致しなければならない．日本が拡張的な金融政策をとると，円金利 i が下落する一方，予想インフレ率が上昇する．すると円建て資産の予想収益率を低下させ

る.しかし,それでは資産市場が均衡しない.そこで,為替レートが均衡レート以下まで低下(オーバーシュート)して,円の先高観が生まれれば,資産市場を均衡させる.

4-6 ポートフォリオ・バランス・アプローチ

ポートフォリオ・バランス・アプローチは,通貨取引から利益を得る行動において,為替リスクを回避するために採る,ポートフォリオを考慮する行動に焦点を当てる.

マネタリー・アプローチは購買力平価説を用いていたが,このポートフォリオ・バランス・アプローチは,金利平価をベースとする.また,マネタリー・アプローチが通貨市場と財市場に注目したのに対し,通貨市場のみに注目する.さらに,マネタリー・アプローチはマネーストック,GDP,金利,物価などに注目するのに対し,ポートフォリオ・バランス・アプローチは主に金利,リスク・プレミアムに注目することになる.

$$i-i^*-\frac{s^e-s}{s}=\left(i-i^*-\frac{f-s}{s}\right)-\frac{s^e-f}{s}$$

左辺はカバーなし金利平価からの乖離,右辺の( )はカバー付き金利平価からの乖離を示す.第2項はリスク・プレミアムである.リスク・プレミアムは,リスク回避的な投資家が,よりリスクの高い資産を保有することで要求する追加的な収益と考えればよい.

このリスク・プレミアムを考えながらポートフォリオを考えるアプローチを,ポートフォリオ・バランス・アプローチと言う.

4-7 為替レートの動向

為替レートは大きく動いてきた.変動相場制移行の動きは次章に譲り,近年の円・ドルレートの動きを概観する.図4-3に1985年以降の円ドル為替レートの動きを示す.1985年のプラザ合意後の急激な円高の影響を緩和するための金融緩和がバブル景気を生んだ.しかし,1990年にバブルが崩壊,1995年には近年で最大の円高となった.その後,日本経済の低迷,原油高などの影響で円

図4-3 為替レート（円/ドル）の推移

出所）IMF.

安に転じ，2000年から2007年にかけ為替レートは安定した．

2008年には米国のサブプライム問題や欧州の通貨危機により，当面は安定的とみられる円に資金が集中したことが原因で，近年にない急な円高が発生し，その傾向は2012年まで止まらなかった．

2012年末に誕生した安倍内閣は，大胆な金融緩和を打ち出し，かつてない量的・質的緩和を行った．この効果により為替レートは円安基調に変わっている．

4-8　カバーなし金利平価の実証分析

カバーなし金利平価の実証分析の一例をあげる．
カバーなし金利平価の式は，以下のように表すことができる．

$$logS_t = logS^e_{t,t+1} - (i_t - i^*_t)$$

ここでtは時点，$S^e_{t,t+1}$はt時点でのt+1時点の予想値である．

第1章で学んだ合理的期待が成立すれば，次期の為替レートは予想為替レートと誤差のみで説明できる．

$$logS_{t+1} = logS^e_{t,t+1} + \varepsilon_t$$

εは誤差である．すると，

$$logS_t = logS_{t,t+1} - (i_t - i^*_t) - \varepsilon_t$$

そこで，次の式を回帰する．

$$logS_t = \alpha + \beta logS_{t,t+1} + \gamma(i_t - i^*_t) + \varepsilon_t$$

ここで，$\alpha=0$，$\beta=1$，$\gamma=-1$ を推定すればよい．まずは最小二乗法を用いるのがよいだろう．そしてt値を用いて検証しよう．帰無仮説 H0：$\beta=0$ とし，対立仮説を H1：$\beta\neq 0$ とする．もし棄却域にあれば，対立仮説が支持される．次に $\beta=1$ を検定する．同じく，帰無仮説 H0：$\beta=1$ とし，対立仮説を H1：$\beta\neq 1$ とする．ベータの推定値から理論値1を引いてt値を計算する．もし棄却域にあれば，帰無仮説は棄却されるとともに，対立仮説が認められる．

Excelでも相当高度な統計分析が可能である．国際金融関係で最も使われているのは，International Financial Statistics（IMF）であろう．国内では，財務省，総務省，日本銀行などが広範なデータを揃えている．以上のデータはいずれも無料でネット上に公開されているので，ぜひ活用されたい．

第5章
通貨制度と介入

5-1 通貨制度の流れ

　過去には，金や銀などが通貨として使用されていたが，19世紀に英国通貨ポンド，20世紀に米国通貨ドルが国際通貨となった．いずれも金が国をまたがる決済の基準になっていた．金を通貨の尺度とする制度を金本位制（gold standard）と言い，1844年にイングランド銀行から金と交換可能なポンドの兌換紙幣が発行されたのがその始まりである．この制度は1914年の第1次世界大戦前まで続いたが，戦時中，戦費の調達他の理由から，英国はじめ各国は金本位制から離脱した．1925年に再び多くの国が金本位制に復帰し，米国の経済力上昇とともに，米ドルの力が大きくなったが，1929年の大恐慌を端緒として，金本位制の維持が困難になり，1931年に再び崩壊，1939年には第2次世界大戦が勃発した．
　大戦終了前，1944年，米国ブレトンウッズにおいて締結された「IMF協定」により，金に対する平価を定め，上下1％以内の変動幅に固定することが決められた．その際，米ドルを基軸通貨とし，金1オンスを35米ドルと定め，ドルに対して各国通貨の交換比率を定めた．この制度の下，円は，1949年に1ドル＝360円（±1％）に固定された．日本は1952年にIMFへの加入を果たし，1953年には，純金2.46853ミリグラム＝1円と，IMFの平価が定められた．
　その後，1970年までに世界の経済，財政，貿易規模が著しく膨張し，ドルの金交換に応じられないほど米国の金保有量が激減したため，1971年8月，米国は，突如ドルの金兌換を停止した．これは「ニクソン・ショック」と呼ばれている．これより，主要国通貨は一気に変動相場制に変わった．
　1971年末には，米国ワシントンのスミソニアン博物館で，固定相場制へ暫定的に戻ることが取り決められ，マルク（西ドイツ：当時），ポンド（英国），円などの主要通貨は旧ドル平価に対し切り上げられ，変動幅は2.25％になった（円

は1ドル=308円).これは「スミソニアン体制」と呼ばれている.しかし,1973年には早くも終焉が訪れた.当時,各国は多額のドル買いを行ったが,投機的なドル売りが相次いで,変動幅内に収めることが困難となり,日本,イタリア,西ドイツが変動相場制に移行するに至った.1976年にはキングストン(ジャマイカ)にてIMFの暫定委員会が開催され,変動相場制が承認された(発効は1978年4月).これはキングストン合意と呼ばれた.

5-2 世界の通貨制度

われわれは変動相場制に慣れている.しかし,先進国のように独立したフロート制を採っている国はさほど多くなく,ペッグ(釘づけ)制度を採っている国が多い.表5-1は直近の通貨制度のまとめである.

5-3 固定相場制

固定相場制には,為替リスク(exchange risk)がなく,それによる経済の混乱の回避というメリットがあり,インフレが起こりにくい国の通貨を固定すれば,信用が増すし,途上国ではそれが時に信認に繋がる.一方,国家間の調整が不可能になることや,独自の金融政策ができなくなるデメリットもある.

1973年までの固定相場制が変動相場制に移行した経緯は本章で述べた.しかし,前節,表5-1に示したように,現在ではドルとリンクする国が増加して

表5-1 世界の通貨制度(2013年)

通貨制度	国の数
独立フロート(変動相場) Free floating	30 日本,米国,英国など
管理フロート Managed Floating	35 インド,インドネシア,タイ,ロシアなど
ペッグ Peg. ただし,craw-like arrangementを含む	67 クエート,中国,マレーシアなど
カレンシーボード Currency board	11 香港など

出所) IMF, Annual Report on Exchange Arrangements and Exchange Restrictions.

いる．ドル以外にリンクする国は，西アフリカ通貨連合（WAMU），中央アフリカ通貨地域（CAMA）のユーロ，ブータン，ネパールのインド・ルピー，キリバスのオーストラリア・ドルなどの例がある．こうした方法をとることで，為替レートは安定するが，金融政策の自由度は減少する．

通貨バスケットとは，実効為替レートなどを元に，自国通貨を複数の外貨にリンクさせ，為替レートの安定を図ることを目的とする．単一通貨へのペッグに比べ，名目為替レートや実質為替レートの変動が小さくなるメリットがある．

ここで固定相場制の2つ目の制度として，表5-1のカレンシーボード制度を紹介する．この制度は国内に流通する自国通貨に見合うドルを中央銀行が保有することによって信認がもたらされる制度である．もともと英国の植民地において採用され，最盛期には70を超える国で採用されていたという．近年，復活傾向にあり，アルゼンチン，香港などで採用されている．為替レートの安定がもたらされるが，金融政策には制約条件が課されることになる．

この他，ドルなど外国通貨を自国通貨として使用するケースもある．また，ユーロ圏（euro area）のように，複数の国が同じ通貨を使うケースもある．これには為替リスクから解放される一方，独自の金融政策や財政政策がとりにくくなるデメリットがある．

固定相場制と変動相場制の中間的な制度としては，バスケット通貨にペッグさせる，バスケット・ペッグ制度，相手国とのインフレ格差の調整をする制度，変動幅を設定するクローリング・ペッグ（バンド）といった制度もある．これらは金融・財政政策を固定相場制よりも柔軟に適用しやすくなる一方，投機を受ける可能性がある．

5-4 変動相場制

変動相場制には，国家間の調整機能が働くこと，国際収支を調整する必要がないこと，金融政策の自由度が高まること，投機が起こりにくいなどのメリットがあり，固定相場制下での通貨危機などの例はそれを物語っている．一方で，為替レートが実体経済を正確に反映しているとは限らないし，為替レートの大きな変化は経済に悪影響を及ぼすこともある．資本移動が活発に起こる状況下では，投機の安定性というメリットを享受しているかどうかは疑問である．

この制度には市場の需給に依拠する，完全な変動相場制もあれば，介入が頻

繁に行われる管理フロートと呼ばれる制度もある．

国際金融の分野において，「トリレンマ」という言葉が使われる．それは，1）為替レートを固定，2）自律的な金融政策，3）自由な資本移動，この3つを同時に実現はできないということである．欧州では，各国が自律的な金融政策を放棄し，為替レートの固定，すなわち共通通貨ユーロの導入と自由な資本移動を得たと言える．多くの先進国は自律的な金融政策と自由な投資・貿易を優先し，固定相場制を放棄しているとも考えられる．

5-5 新興国の通貨制度

欧州の通貨制度については第7章で説明することとして，新興国（newly industrializing economies）である，中国とイスラム諸国を例にあげることとする．

中国人民銀行は，2005年7月，対ドルへの交換レートを1ドル＝8.28元程度から8.11元に切り上げた．実質的に，固定相場制を放棄し，ドル，ユーロなどの通貨バスケットと自国通貨をリンクさせる，管理通貨制度への移行ととらえることができる．背景には，市場の実勢とは乖離する自国通貨安，貿易黒字を生み出すことへの海外からの反発，介入により自国通貨，元を市場へ放出することによりバブルへの懸念が発生したことがあげられる．元は一部の貿易取引において，人民元建て貿易も認められるなど，国際化も進みつつある．元はその後，事実上，切り上げられている．

昨今，「イスラム金融」という言葉を聴く機会もあろう．イスラム金融の最大の特徴は，金利の受取を禁止していることで，金利に代わり，損益，配当，使用料などが用いられる．すでにこの市場には，クアラルンプールやドバイのみでなく，ロンドンやシンガポールでもサービスの提供が開始されている．

最後に，グラミン銀行の例をあげたい．2006年のノーベル平和賞は，グラミン銀行創始者のムハマド・ユニスが受賞した．自身の資金を無担保で少額貸与する金融を始めたのがきっかけと言われている．借り手の連帯責任グループに返済の約束を守らせ，貧しい層に融資を行う方法，マイクロファイナンス（クレジット）を始めた．現在，返済率の高さが注目を集めている．

5-6 介　　入

　外国為替市場介入（外為介入）は，通貨当局が為替レートに影響を与えるために，外国為替市場において通貨の売買を行うことであり，日本の場合，正式名称は「外国為替平衡操作」である．介入の目的は，為替レートの変動，中でも急激な変動を抑制し，その安定化を図ることである．一般的に通貨当局とは，日本の場合，日本銀行と外国為替資金特別会計を指している．市場介入の時期や金額は，日本銀行と財務省により決定され，実際の介入は日本銀行が財務省の代理人として行うことになる．日本銀行は，金融機関や外国為替ブローカーを相手に為替取引の約定を成立させていく．夜間に介入の指示があった場合，日本銀行は，海外の中央銀行に対して為替介入を委託することもあるという．

　変動相場制を採る場合，通貨当局は外国為替市場操作を行わないので，対外資産残高やマネタリー・ベースが変化することはない．この意味で，マネタリー・ベースは国内要因のみに依拠することになる．円売り介入の場合，日本銀行は政府（外国為替資金特別会計）預金の円と交換に，同額の外貨を市場から購入する．同時に，外国為替資金特別会計の残高は減少し，市中銀行などの預金が同額増える．日本銀行と外国為替資金特別会計を合わせた通貨当局でみると，外国為替資金特別会計の日本銀行の預金が相殺されるので，市中銀行の日本銀行預金と対外資産を同額増加させるように表示される．円売り介入の場合には，資金は日本銀行が政府から外為証券と呼ばれる債券を引き受けることによって補完される．すなわち，政府がこの債券を発行できるならば，円売り介入は制

表5-2　外国為替市場への介入の影響（円売りドル買い）

外国為替資金特別会計		日本銀行	
資　産	負　債	資　産	負　債
外貨準備＋			外国為替資金特別会計預金－
日銀預金－			市中銀行預金＋

↓

通貨当局	
資　産	負　債
外貨準備＋	市中銀行預金＋

限なく行うことが可能である．ただし，外為証券は，市場で消化されることになるので，円売り介入が永続的に日本銀行のバランスシートに影響することはない．

円買い介入の場合，逆になる．しかし，外貨準備は減少するので，それがなくなれば介入は不可能になる．

不胎化（sterilized）介入とは，外国為替市場での円売り介入と国内債券市場での売り操作を同時に行い，介入によるマネタリー・ベースの増加を相殺することである．円買い介入の場合で対外資産の減少を相殺するためには，通貨当局は政府債券を公開市場において購入すればよい．このように，対外資産の増減を国内信用の増減により相殺することを不胎化介入と言う．米国の場合，不胎化介入がされることになっている．

不胎化介入は，マネタリー・ベースを変化させない．すると，通貨乗数が一定であれば，不胎化介入はマネーストックも変化させない．介入が影響を与えるのがマネーストックであると考えると，為替レートに何ら影響を及ぼさないことはメリットになる．しかし，シグナル効果（介入が将来へのシグナル），あるいはアナウンスメント効果は働きうる．通貨当局が，将来，円安・ドル高へ誘導するような政策を行うとマーケットが受け止めれば，自己実現的に円安・ドル高が実現することもある．

固定相場制の場合にはどのようになるか．まずはマネタリー・ベースの説明から行う．

マネーストック M を $M=C$(現金)$+D$(要求払い預金) とすると（M_1のイメージ），法定準備預金 B は $B=r$(一定率)$\times D$(各銀行の中央銀行への預金) となる．マネタリー・ベース MB は $MB=C+rD$ である．$C=k\times D$ と定義すると ($0<k<1$)，$M=\{(1+k)/(r+k)\}\times MB$ になる．これよりマネタリー・ベースの変化はマネーストックに乗数効果を与えることが理解できる．

例えばドルを売る場合，通貨当局の対外資産が減るが，それはDが同額下がることを意味する．すると，その $\{(1+k)/(r+k)\}$ 倍，マネーストックは減少する．ゆえに，固定相場制の場合には，マネタリー・ベースが海外要因によって動くことが理解できよう．

プラザ合意とルーブル合意について触れておく．前者は，1985年9月，ドル高に対応するため，G5（先進5カ国）財務相・中央銀行総裁会議にて，協力が決められたことによる．日本銀行も大量の介入を行った．市場もドルの下落を

予想し，ドルの急激な下落が発生した．為替レートは9月の240円程度から年末には200円近くになった．後者は，1987年12月，当時の水準で為替レートを安定化させるためになされ，日本銀行も大規模の円売り介入を行った．また，米国以外は低金利，米国は高金利への誘導を行った．今度はドル安防止策が必要と考えられたのである．この2つの合意は，為替レートの変動に対し，各国の協調介入や政策協調が必要であることを如実に示した例であると言えよう．しかし，日本においてはそれが資産バブルを助長することになったという見方も存在する．

　なお，財務省は2000年から介入の実施日，金額，売買通貨を公表している．データは1991年に遡り入手することが可能である．

第6章
通貨危機

6-1 通貨危機の理論と現実

ラテンアメリカを典型例とする1980年代の通貨危機は,第1世代通貨危機モデルで説明されることが多い.経済のファンダメンタル(基礎的諸条件)で決まる為替レートと,通貨当局が維持しようとする固定相場との間に矛盾が生じることで通貨危機が発生する―との説で,経済のファンダメンタルズに注目する理論である.以下,理論モデルを用いて説明する.

固定相場制を適用している小国で,巨額な財政赤字を国内信用の増加(通貨発行)で補う場合を想定する.Mをマネーストック,国内の物価水準の対数値をp,簡単化のため国外物価水準を1,所得の対数値をy,内外金利をiとi*,為替レートをS,為替レートの予想変化率を$\dot{S}_t$,国内信用(貨幣発行)をD,外貨準備高をR,とし,通貨需要と貨幣供給が等しく,その対数値をmとすると,以下の5式が成立する.

$$m = p + \phi y - \lambda i \quad (1) \quad 通貨需要(p.45参照)$$
$$M = D + R \quad (2) \quad 貨幣供給$$

通貨当局が国内信用を一定割合μで増加させているとすると,

$$\frac{dD}{D} = \mu \quad (3) \quad 財政赤字補填$$
$$p = S \quad (4) \quad 為替レート$$
$$i = i^* + \dot{S}_t \quad (5) \quad カバーなし金利平価$$

(4),(5)式を(1)式に代入し,簡単化のため外国金利を0とすると

$$m = S + \phi y - \lambda \dot{S}_t \quad (6)$$

固定相場制下では$\dot{S}_t=0$だから，(6)は$m=S+\phi y$になる．

所得は完全雇用産出量で一定とすると，固定相場制下では貨幣需要は供給は生産量が変わらなければ一定となる．貨幣市場の均衡は(6)=(2)だから，貨幣供給も一定となる．従って
(2)より，

$$\frac{dM}{M}=\frac{dD}{D}\frac{D}{M}+\frac{dR}{R}\frac{R}{M}=0 \qquad (7)$$

外貨準備は下記(8)式のように表すことができる．

$$\frac{dR}{R}=-\frac{D}{R}\mu \qquad (8)$$

この式より，固定相場制の下で国内信用を一定の比率で増加させると外貨準備の減少を余儀なくされる．経済のファンダメンタルズなど，状況が悪いと，外貨準備が枯渇して，固定相場制の維持ができなくなる．

第2世代通貨危機モデルは，投資家の市場動向や資産価格に対する予想が危機を引き起こし，経済のファンダメンタルズに問題がなくても，固定相場制が維持できなくなるケースで，自己実現的な通貨危機と言われる．

1992年から1993年の欧州通貨危機では，ファンダメンタルズや政策の矛盾はさほど問題視されなかった．しかし危機が発生したのである．そして，第1世代での状況での政府による施策が検討される．通貨投機に対抗するための外貨準備を国際金融市場で借り入れる，金利を上げる，財政赤字を縮小させる，資本規制を実施するなどのオプションが検討される．しかしそれにはコストがかかる．したがって固定相場を維持するか否かは，費用・便益を比べた上での選択になる．

この考え方でしばしば用いられるのが，ゲーム論（非協力ゲーム）である．

ある国で固定相場制が採用されているとする．自国通貨1単位に対して外国通貨1単位が交換比率であり，10単位の外貨準備が保有されているとする．投機家AとBはそれぞれこの国の通貨6単位を保有しており，そのまま保有するか投機する（全部売りに出す）かの戦略を選択できる．ただし，AとBは協力することはない．投機するためには通貨1単位の費用が発生する．通貨当局が固定相場制を維持できなくなれば，自国通貨の価値は半減すると仮定する．

表6-1　非協力ゲームによる投機

		B	
		売らない	売る
A	売らない	0, 0	0, −1
	売る	−1, 0	3/2, 3/2

　投機家 A は，B が売らないと予想すれば，A が独自に投機を仕掛けても通貨当局は10単位の外貨準備を保有するので，固定相場制は維持される．この結果，A は費用である 1 単位の損失を被り，B に損得は発生しない（表6-1の(−1, 0) のケース）．A も売らなければ損得は発生しない（表6-1の (0, 0) のケース）．ゆえに，B は売らないだろうと予想すれば，A は売らない．

　B が通貨を売るという予想を A が持つ場合，A が売らなければ A には利益も損失がなく，B は 1 単位の損失が発生し（(0, −1) のケース），固定相場制は維持される．しかし，A も B も通貨を売れば，通貨当局は保有する外貨準備10単位を使い果たし，固定相場制は維持できなくなる．この時，それぞれに 5 単位の自国通貨を払って 5 単位の外貨を入手するが，自国通貨の価値は半減するので，5−(5/2) 単位の利得が発生し，攻撃に要する 1 単位の費用を差し引いても (5/2)−1=3/2 の利益を得る．これが表の (3/2, 3/2) である．売れば 3/2，売らなければ 0 という結果となり，B が通貨を売ると予想すれば，A は自身も投機する．

　B も同様である．結果，「両者とも売る」か「両者とも売らない」のどちらかになる．これは 2 つのナッシュ均衡が存在する例である．現実には，市場の雰囲気などにより，突然一方の均衡に移るのである．

　したがって，この場合の投機家の行動は，もし多くの他者が投機しないと予想すると，投機せず，固定相場制は維持されることになる．一方，他の多くの投機家が投機すると考えれば，投機家は投資を行い，まさに，自己実現的な通貨危機が発生するのである．

　第 3 世代通貨危機モデルは，金融危機と通貨危機の関係を重視する分析である．アジア通貨危機はその例である．詳細な説明はここでは省略するが，アジア通貨危機は次節で述べる．

【計算問題】

問⑭

表はA社とB社が開発する，しないを選択肢として与えられた場合の利益（左がA社，右がB社）を表している．

		B	
		開発する	開発しない
A	開発する	−20, −20	40, 0
	開発しない	0, 40	0, 0

このとき，1）A社が開発しないを選んだとき，B社はどうすべきか，2）A社が開発するを選んだとき，B社はどうすべきか，3）B国がB社の開発に30の補助金を出したらどうなるか．4）さらに対抗措置としてA国がA社の開発に30の補助金を出したらどうなるか．国全体としての利益はどうなっているか．

6-2 アジア通貨危機

1997年，タイで始まったアジア通貨危機は，同国にダメージを与えただけでなく各国に飛び火した．日本も例外ではなかった．その原因は以下の通りに整理できる．

1) 為替レートの過大評価
   1995年からドル高が起こった．それに対してアジア各国の通貨はドルにペッグ，すなわちドルに自国通貨の価値を結び付けていた．正確にはドルだけではなかったが，ドルを中心とした通貨バスケットにペッグしていた．ゆえに過大評価が発生した．
2) 米国の好景気
   米国政府が景気を冷ますためにとった高金利により，債務の返済が困難になった．
3) 景気の悪化
   通貨価値が実質的に下落した．米国を除く先進国は不況で低金利であったので，特にタイは相対的に高金利となり，資金流入（短期で引上げが可能な資金），無理な投資（不動産，株などのバブルの発生）が行われ，

その後に株離れが起こり，不良債権が発生した．これらの原因により通貨切下げが予想され，バーツ離れが加速して変動為替レート制へ移行した．

タイと同じ問題を抱えると判断されたアジア諸国からも資金の引上げが起こった．タイにはじまり1997年にはフィリピン，インドネシアが変動相場制に移行した．インドネシアでは，スハルト政権の崩壊にもつながったと言われている．韓国でも株式市場の下落が起こった．

これによってタイ，韓国，インドネシアは，IMFに1997年，緊急融資を要請した．それに対してIMFは経済引締め政策，経済の自由化，規制緩和などを要求した．韓国の財閥，インドネシアのファミリービジネスなども改革を要求された．通貨危機と金融・経済危機が併行的に起こったことに注目すべきである．

理論的には，通貨危機と金融危機を分け，それらが続発することを考えるのが一般的である．前者から後者に続くケースとしては，資本逃避が何かの理由により起こり，為替レートが減価，金融機関や企業のバランスシートが悪化し，金融システムへの不安が発生，さらなる減価を招くようなケースである．後者から前者に続くケースは，外貨建て借り入れを行う金融機関や企業のバランスシート悪化が金融システムの不安となり，資本逃避を誘発するケースが指摘されている．

6-3 パリバショックとリーマンショック

サブプライム・ローン (subprime loan) とは，住宅ローンなどの審査に通り難いような信用度の低い個人向けローンである．この場合，主に住宅を担保とする住宅ローンに限定されていた．この債権を証券に組み入れた商品が世界で販売されたが，格付け機関は，住宅価格の上昇を前提に結果的に高い保証を与えていた．しかし，2007年夏頃から，米国の不況の影響で住宅ローン返済の延滞率が上昇しはじめ，担保となっていた住宅を手放そうにもそこに付けられた市場価格が低下，住宅バブルの崩壊と不良債権の発生を引き起こしてしまった．これが原因で，2007年8月には，パリバ (Pariba) ショックが米国発で起こった．フランスの金融機関BNPパリバの傘下で，多額の資金を集め運用してい

たヘッジファンドが資産を凍結，米欧の金融機関が取引，資金の流れを急激に減少させた．2008年9月には，米国の証券会社，リーマン・ブラザーズ（Lehman Brothers）が経営破たん，メリルリンチがバンク・オブ・アメリカに救済合併，保険会社 AIG が政府の管理下に置かれることになる．これら巨大金融機関の破たんが世界経済に及ぼした影響は甚大で，世界全体の株価の時価総額が，2007年末と2008年末でほぼ半減，2009年の世界全体の経済成長率は戦後最悪を記録することになった．

図6-1のローン債権は，住宅ローン担保証券（RMBS: Residential Mortgage-Backed Securities），債務担保証券（CDO: Collateralized Debt Obligation）といった形で提供された金融証券である．また，証券会社，保険会社も，デリバティブの一種である，クレジット・デフォルト・スワップ（CDS）を販売した．CDS は，保険料を支払う代わりに，倒産した場合に融資の返却が不能になったときの損失を肩代わりする仕組みを含むスワップである．こうした商品は複雑で，含まれている債権の内容，損失の見込みなどが理解しにくい状況であった．

6-4　ＩＭＦ

IMF（International Monetary Fund: 国際通貨基金）は1946年に設立された．為替レートの安定，赤字国への資金供与，資金取引の自由化を役割とし，本部はワシントンである．日本は1964年に IMF 8 条国（国際収支の赤字を理由にして為替取引を制限しない国）になり先進国の仲間入りをした．IMF は，アジア通貨危機の際には，タイ，韓国などに資金供与をした．1971年に金とドルの交換が停止（ニクソン・ショック）され，ブレトンウッズ体制（IMF 体制下の固定相場制）は崩壊，1973年の変動相場制への移行後は途上国への資金供与が中心になっている．そこで世界銀行やアジア開発銀行（ADB）との同質化が問題になりG8 でも話し合いが行われるようになった．

IMF の融資手段には，スタンド・バイ取極（standby credit facility: 一時的あるいは循環的な問題が発生した場合の短期的な融資），拡大信用供与措置（extended credit facility: 構造的な問題を持つ場合の融資），貧困削減成長ファシリティ（support for low-income countries）などがある．

融資原資は各国の拠出資金に依存している．拠出割当額は経済力に応じて決

第6章 通貨危機 67

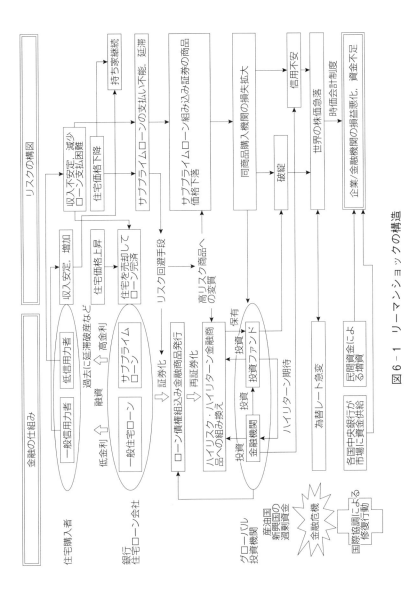

図6-1 リーマンショックの構造

出所：毎日新聞2007年8月11日、日経新聞2007年8月19日、金子隆昭「政権交代後の経済金融危機対応施策の課題──金融機関の資金強化から金融機能の円滑化へ」立法と調査．No. 299. 2007年．pp. 23-35. 等に基づき加筆修正．

められている．現在，日本は米国に次いで世界第2位である．この出資比率は最近では2010年に変更され，1位，2位に変わりはないが，3位に中国，8位にインドが入った．

SDR（Special Drawing Rights: 特別引出権）は，固定相場制の時代に国際収支の赤字国が多かったことから，流動性不足を解消させる目的で，1969年に創設された制度である．現在でもこの制度が利用されている．

IMFに関し，コンディショナリティという言葉が聞かれる．これはIMFが金融支援を行う際に，さまざまな条件を付けることを言う．

2008年の金融危機以降，IMFの改革が議論されるようになった．欧州はIMFに金融監督・規制の権限を与えるよう主張，IMFに代わる新機関を求める案まで浮上していた．米国のみが重要案件を否決できる拒否権を持つなど，同国主導とみなされてしまう運営を見直すべきとの意見も一部諸国から出ている．新興国からも発言権拡大を求める声が強いようである．

第7章
欧州通貨統合と欧州危機

7-1 欧州通貨統合

2002年1月1日,欧州統一通貨ユーロは12カ国の参加を得てスタートした.1999年に企業,金融機関のレベルで使用されていたが,ついに消費者レベルでそれが用いられることになった.かつて世界を席巻したドイツ・マルク,フランス・フラン,イタリア・リラなどは,法定通貨としての地位を失った.

通貨統合の目的は下記の通りである.

1) 為替リスクの軽減
2) 取引費用の削減
3) 金融市場の拡大(商品,サービスの開発,発展)
4) 競争の激化による商品選択肢の拡大

それに対してデメリットも存在する.最大のデメリットは,域内各国間での為替レートという政策手段の喪失であろう.例えば通貨安によって輸出の拡大をはかり景気回復を実現するといった道は閉ざされる.また,金利の自由な設定も困難になる.

通貨統合に参加するためには為替レート,金利,インフレ率,財政赤字,累積債務についての5つの条件を満たさなければならなかった.

1979年に創設された制度,EMS (European Monetary System) の中で細かい規定が定められている.そのうち重要なことはERM (Exchange Rate Mechanism) と呼ばれる為替レートの変動幅を遵守しなければならないことであった.具体的には,いずれの参加国2カ国間に対しても,変動幅(時期,通貨間によって異なるが,2.25%,6%,15%などがあった)を遵守しなければならず,それを超える場合には通貨当局は介入をしなければならない.例えば円とドルが,その通貨圏に含まれていたとする.そして1ドル=100円であったと仮定しよう.

そのとき2.25％の変動幅が許容されていたとすると，1ドル＝102円25銭までは円安になることが認められるが，それ以上に円安が進めば通貨当局は介入をしなければならなくなる．為替レートの変動は大きく，現状では考えられないことであろう．

通貨統合の具体的な条件は為替レートを含めて以下の通り．

1）ERMの変動幅を2年間遵守
2）長期金利が最も物価が低い3カ国の平均より2％以上上回ってないこと
3）インフレ率が，最も低い3カ国の平均よりも1.5％を以上上回らないこと
4）財政赤字がGDPの3％以内
5）累積債務がGDPの60％以内

このうち参加各国にとって最も達成が厳しかったのは財政赤字・累積債務であった．現在の日本は，到底，欧州の通貨統合に加わることはできない．2007年には4％まで下がったが，累積では180％に及んでいる．

欧州の参加各国ではこうした厳しい条件を構造改革によってクリアーして，通貨統合にたどり着いたことを付記しておく．ただ1993年以降には為替レートの変動幅を±15％とし，財政赤字と累積債務についての基準を緩和するなど，若干の見直しがあったのも事実である．

共通通貨の導入に参加するかどうかは，各国にとって大きな問題である．その際に理論的な観点から考察されるのが，最適通貨圏（optimum currency area）の理論である．まず，マンデル（R. Mundell）などに代表される労働の移動性に着目する．労働の移動性が活発に行われている国では，為替レートの調整に頼ることなく，各国間の非対称的なショックを吸収できる．次にマッキノン（R. McKinnon）などにより主張された経済の開放度である．対外依存度が大きく，経済規模の小さい国は，自国独自の為替政策の効果が限られるので，通貨統合を進めたほうがよい．さらに財政移転である．国際的な財政移転が可能であれば，非対称的なショックを吸収することができ，最適通貨圏を構成できる．

日本はどうであろうか．これらの理論から考えるとすれば，あまりふさわしいとは言えない．労働移動に関しては，言語や文化などの壁がある．開放度も

高くない．むろん，財政移転のシステムを構築するのは容易ではない．

7-2 欧州危機

2009年，経済状態が厳しくなっていたギリシャが，財政赤字を相当額少なく公表していたことが判明，国債金利が急騰することになった．利払いが危機的な状況に陥り，IMFから金融支援を受けることになった．そして，金融危機はアイルランド，ポルトガルに飛び火した．2011年には，IMFの支援に加え，ユーロ圏加盟国が資金を出し合う臨時の基金（EFSF: European Financial Stability Facility），そして欧州安定メカニズム（ESM: European Stability Mechanism）が創設され，欧州中央銀行（ECB）も国債買い支えなどを行った．しかし，解決は長引き，2012年にはスペインがESMに支援を求めることになった．同年，ECBは信用不安が発生したユーロ圏内の短中期国債を，限度額を設けずに買い入れる，国債購入策（OMT: Outright Monetary Transactions）を決定した．それにより財政的に厳しかった南欧諸国を含め，国債金利は低位安定化し，欧州の状況はやや沈静化している．しかし，南欧諸国を中心に厳しい状況は続いており，予断を許さない．

第8章
国際収支

8-1 国内経済活動の集計

マクロ経済学に登場する経済主体は，家計，企業，政府の3部門である．ときに，金融部門や海外部門が加わることになる．

家計部門は消費者の集合である．財やサービスの最終的な消費主体になるし，労働の供給も行う．また所得のうち消費しなかった部分は貯蓄となり，それが新たな経済活動を生むことになる．企業部門は生産者の集合である．財やサービスの供給主体であり，労働を需要する．政府は政府支出を行い，民間ではなしえない公共的な需要を満たす．その資金は主として，家計部門と企業部門から税金の形で徴収される．通貨当局は中央銀行を中心として金融政策を行い，物価の安定や金融システムの安定化を図り，金融・経済活動に影響を与える．

GDP (Gross Domestic Product: 国内総生産) とは，国内で1年間に造りだされた付加価値の合計である．付加価値とは，文字通り新たに付け加わった価値のことである．例えば，ゴムを生産する企業が1億円で原材料を仕入れ，10億円のゴムを生産したとする．中間投入物を無視すれば (以下同様)，付加価値は9億円である．これにタイヤを生産する企業が60億円のタイヤを生産したとする．すると付加価値は50億円になる．それに対して GNI (Gross National Income: 国民総所得) とは，国民が1年間に造りだした付加価値の合計である．GNI と GDP の間には，GNI＝GDP＋外国からの所得の受け取り－外国への所得の支払いという関係が成立する．GNP (Gross National Product: 国民総生産) は，今では GNI に変化している．

国内純生産 (NDP) とは，GDP から減価償却費を差し引いたもので，国民純所得 (NNI) とは GNI から減価償却費を差し引いたものである．国民所得 (NI) とは，NNI から生産・輸入品に課される税 (間接税) を差し引いて補助金を加えたものである．なお，国民所得は，国民総生産や国民純生産といった概

表8-1 国内総生産(支出側,名目)

(単位:%)

	1995	2000	2005	2010	2013
1.民間最終消費支出	55.4	56.5	57.8	59.3	61.1
2.政府最終消費支出	15.2	16.9	18.4	19.7	20.6
3.総資本形成	28.1	25.1	22.5	19.8	21.1
4.財貨・サービスの純輸出	1.4	1.4	1.4	1.2	-2.8
(1)財貨・サービスの輸出	9.1	10.9	14.3	15.2	16.2
(2)財貨・サービスの輸入	7.7	9.4	12.9	14.0	19.0
5.国内総生産(支出側)(1+2+3+4)	100.0	100.0	100.0	100.0	100.0

出所) 国民経済計算.

念を総括する指標として用いられる.

以上,生産面からみた GDP と GNI について説明した.この GDP を分配面から見ると,GDP は家計,企業,政府に分配され,それぞれの所得になる.すなわち,分配面からみた GDP＝雇用者報酬＋営業余剰・混合所得＋固定資本消耗＋生産・輸入品に課される税－補助金になる.

雇用者報酬は賃金と考えればよい.営業余剰は企業部門の営業活動の結果として生じるが,混合所得は個人企業などの各種所得の合計,固定資本消耗は生産活動によって減価した資本財価値である.生産・輸入品に課される税－補助金は政府の純租税収入になる.

次に,分配された GDP はどのように使われるのだろうか.支出面から GDP を見る必要がある.支出面からみた GDP (GDE:国内総支出) Y＝民間最終消費支出 C＋国内総固定資本形成 I (投資)＋政府最終消費支出 G＋在庫品増加 N＋財貨・サービスの輸出 X－財貨・サービスの輸入 M になる.一般に,$Y=C+I+G+N+X-M$ で表す.輸出は英語で export,輸入は英語で import,port は港を意味する.

GDP は生産から見ても,分配から見ても,支出から見ても常に等価になる.これを三面等価の原則と言う.日本の国内総生産の構成比を表8-1に示す.

代表的な経済指数をいくつか紹介する.実質 GDP は物価の変動による影響を取り除き,その年に生産された実質的な財の価値を算出した指数である.また,名目 GDP を実質 GDP で割った値が GDP デフレーターである.デフレーターは名目値から実質値を産出するために用いられる.実質値,名目値,デフ

レーターの間には，実質値＝名目値/デフレーターという関係が成立する．

物価指数としては，消費者物価指数（CPI: Consumer Price Index），企業物価指数（CGPI: Corporate Goods Price Index）の2つがよく用いられる．前者は世帯の消費に関わる財とサービスの小売価格（retail price）をベースにしている．後者は生産段階での財の価格をベースにし，サービスは含まれていない．なお，かつての卸売物価指数（wholesale price index）は事実上，企業物価指数に衣替えした．流通機構の変化などを配慮した改定である．

指数としては，ラスパイレス型指数とパーシェ型指数がある．前者は基準時の数量によって加重平均を求める．後者は比較時の数量によって加重平均する．CPI, CGPI は前者で求められている．これに対して GDP デフレーターは後者である．

最近は統計ソフトの普及で，種々のデータを用いて計量・統計分析を試みて，何らかの結果を出すことが容易になった．その反面，ジャンクな分析も多い．計量・統計分析手法をしっかりと理解した上で行うべきことはもちろんであるが，データの性質，変更などをきちんと把握することがより求められている．例えば，国内のインフレ率の分析する際に思いつくデータは CPI であろうが，それには輸入品が含まれている．国内品のみの分析をしたいならば，輸入品の影響を省いている GDP デフレーターを用いるべきである．また，CPI と GDP デフレーターを比べてみると，後者は価格低下の影響を受けやすい傾向がある．それは，価格低下が強く表れる流通機構の川下の価格を反映するためである（GDP デフレーターは付加価値で計る）．

【問 題】

問 ⑮

下記の項目のうち GDP に計算されるものはどれか．1）主婦（主夫）による家事労働，2）家族による介護労働，3）中古品の売却，4）自己所有家屋の帰属家賃，5）農家による農作物の自家消費，6）警察や消防

8-2 国際収支とは

国際収支（balance of payment）とは「一定期間（四半期，半年や1年など）における，特定の経済圏（国が多い）とそれ以外の経済圏（国）との間の経済取引

を，定められた方式で計上したもの」と定義され，記載方法が国際的に取り決められている．主要項目は以下である．

A．経常収支 (current account)

貿易収支 (trade balance)，サービス収支（輸送，旅行，金融，特許等使用用など），第1次所得収支（対外金融債権・債務から生じる利子・配当金など），第2次所得収支（対価を伴わない資産の提供に係る収支）の合計．それぞれ，収入が支出より多い場合が黒字，少ない場合が赤字になる．なお，旅客輸送は旅行ではなく輸送に計上される．

年単位で経常収支が赤字であったのは，1967，1973，1974，1975，1979，1980年であり，それ以外は黒字を計上している．しかし，黒字幅は大きく減少している．貿易収支は2011年以降，赤字である（表8-2）．

B．資本移転等収支 (capital account)

対価の受領を伴わない固定資産の提供，債務免除の他，非生産・非金融資産の取得処分等である．

C．金融収支 (financial account)

金融資産にかかる居住者と非居住者間の債権・債務の移動を伴う取引の収支であり，具体的には直接投資，証券投資，金融派生商品，その他投資及び外貨

表8-2 日本の国際収支

(単位：億円：暦年)

	2000	2005	2010	2013
経常収支	140,616	187,277	190,903	32,343
貿易収支	126,983	117,712	95,160	-87,734
サービス収支	-52,685	-40,782	-29,513	-34,786
第1次所得収支	76,914	118,503	136,173	164,755
第2次所得収支	-10,596	-8,157	-10,917	-9,892
資本移転等収支	-9,947	-5,490	-4,341	-7,436
金融収支	148,757	163,444	222,578	-16,310
直接投資	36,900	51,703	62,511	130,237
証券投資	38,470	10,700	132,493	-254,838
金融派生商品	5,090	8,023	-10,262	55,516
その他投資	15,688	68,456	-89	14,271
外貨準備増減	52,609	24,562	37,925	38,504
誤差脱漏	18,088	-18,343	36,017	-41,217

出所）財務省．

準備増減の合計である．外貨準備は通貨当局が介入を含む対外的な支払いに充てる外貨，資産で，日本の場合，外貨（ドルが多い），金，リザーブトランシェ（IMFからクォータ額を限度として無条件に引出せる借入枠），SDRである．この増減の大部分は，外国為替市場での介入により発生する．通貨当局が円を売り（買い）外貨を買う（売る）と外貨準備は増加（減少）する．

なお，2014年から，旧来の「投資収支」と「外貨準備増減」を統合して「金融収支」，旧来の「その他資本収支」を「資本移転等収支」とし，「資本収支」の項目は廃止となっている．資本移転は資本収支の内訳項目として表示されていたが，「資本移転等収支」として，経常収支，金融収支と並ぶ別項目として表示されることになった．旧来の「投資収支」では資金の流出入に注目して，流入をプラス，流出をマイナスとしてきたが，新たな「金融収支」では資産・負債の増減に注目して，資産・負債の増加をプラス，減少をマイナスとする．この結果，負債（対内投資）の符号は変わらないが，資産（対外投資）の符号が旧来と逆になった．また，「対外及び対内証券売買契約等の状況」において，旧来は，対外証券投資のネットは，プラス表示であれば処分超，マイナス表示であれば取得超であったが，2014年1月取引計上分以降，プラスであれば取得超，マイナスであれば処分超を表すことになった．

日本企業が外国企業を買収する直接投資では，旧来は資本収支にマイナスで表示され資本収支の赤字要因となっていた．しかし金融収支にプラスで計上されることになった．また新しい金融収支については，符号が逆になり，外貨準備の増加は金融収支の黒字要因になる．しかし金融収支全体にマイナス1を掛けて経常収支と合計されるので，新しい統計表は従来の統計表と一致する．

誤差脱漏については，企業が財を輸出し，その代金を銀行口座より受け取るとすると，輸出金額は企業から，受取額は銀行から報告される．そのような際，金額が異なることはありえる．

上記により，国際収支統計に関わる恒等式は，下記になる．

$$経常収支＋資本移転等収支－金融収支＋誤差脱漏＝0$$

旧来の定義に従うと，経常収支＋資本収支＋外貨準備増減＋誤差脱漏＝0であった．

なお，経常収支が黒字の場合，「儲かっている」「よい」といったイメージを持つとしたら，それはときに誤りである．財・サービスと資本の動きはまさに

表裏の関係である．輸出が輸入を上回っているのは，海外に貸付を行っているからで，現在の消費を一部断念して将来の消費を充実させることを意味している．米国は経常収支が赤字であるが，それは現在の消費を行い，将来は負債の返済をすることである．この点については，異時点モデルでも説明した通りである．

【計算問題】

問⑯
輸出が600，輸入が500，サービス収支が-30，所得収支が150，資本移転等収支が-10，各種投資の収支が-145，誤差脱漏が-5のとき，外貨準備はどれだけ増減するか．

なお，貿易統計では輸出をFOB価格，輸入をCIF (Cost, Insurance and Freight) 価格で表示するのに対し，国際収支統計ではいずれもFOB (Free on Board) で表示する．相違が発生する理由は，貿易統計はその計上範囲を「関税境界を通過した貨物」としているのに対し，国際収支統計は「居住者と非居住者との間で所有権が移転した財貨」としていることによる．また，IMFの定義では，外国投資家が，対象国内企業の発効済み株式総数の10％以上を取得した場合，それを直接投資とする．原則は証券投資に計上されるが，注意が必要となる．

最後に，輸出入の対GDP比率は経済の開放度 (openness of the economy) を示す指標として，しばしば用いられる．日本とサウジアラビアを比べれば，当然，輸出の開放度はサウジアラビアが高くなる．

8-3 弾力性アプローチ

弾力性 (elasticity) アプローチは，主に為替レートの変化（感度）が経常（貿易）収支に与える影響を，輸出品の輸出先での需要の価格弾力性に注目して分析するアプローチである．

【計算問題】

問 ⑰

ある財の需要曲線が $D=16-\frac{1}{6}P$, 供給曲線が $S=\frac{5}{2}P$ で与えられる. D, S は需要量と供給量, P は価格である. 価格弾力性は.

弾力性アプローチの長所としては, 企業行動などミクロ的な分析が可能になることである. それに対してマクロ的な分析, 例えば経常収支の変化が生産活動, ひいては為替レートに与える影響など長期的な分析には不向きとなる.

ここでマーシャル・ラーナーの条件について説明する.

日本と米国の2カ国を考え, それぞれ輸出国通貨建てで取引を行っているとする.

実質為替レートが1％円高（安）になると, 輸出の価格弾力性（日本よりの輸出品の米国市場価格が1％上昇（低下）したとき輸出数量が何％減少（増加）するか）をqとすると, 円表示の輸出金額はq％減少（増加）する. 輸入の価格弾力性（米国よりの輸入品の日本市場価格が1％下落（上昇）したとき輸入数量が何％増加（減少）するか）をq*とすると, 円表示の輸入金額は（1−q*）％減少（増加）する. 円高（安）が日本の貿易収支（円表示）を悪化（改善）させるのは, 輸出金額の減少（増加）が輸入金額の減少（増加）を上回る場合である.

その条件, $q>(1-q^*)$ は, $q+q^*>1$ と変形できる. すなわち「輸出入の弾力性の和が1より大きい場合に, 為替レートは経常収支の調整に役立つ」ことになる. これがマーシャル・ラーナーの条件と言われるものである.

式で説明する. p^* を外国の物価水準, p を国内の物価水準, e は名目為替レート, 実質為替レートを ε とすれば $\varepsilon=ep^*/p$ である. 実質経常収支 BC は, EX を輸出量, IM を輸入量としたとき, 実質為替レートは ε の関数で,

$$BC=EX(\varepsilon)-\varepsilon IM(\varepsilon)$$

実質為替レートの変化が経常収支に与える影響を求めると, 以下の式になる.

$$dBC/d\varepsilon=dEX/d\varepsilon-IM-\varepsilon dIM/d\varepsilon$$
$$=IM[dEX/(IMd\varepsilon)-\varepsilon dIM/(IMd\varepsilon)-1]$$

ここで初期状態においては, 経常収支をゼロ（$EX=\varepsilon IM$）とすると,

$dBC/d\varepsilon = IM[(dEX/EX)/(d\varepsilon/\varepsilon)-(dIM/IM)/]d\varepsilon/\varepsilon)-1] = IM(q^*+q-1)$。q*は自国輸出の為替レート弾力性$(dEX/EX)/(d\varepsilon/\varepsilon)$、qは自国輸入の為替レート弾力性$(-dIM/IM)/(d\varepsilon/\varepsilon)$である。実質為替レートの減価によって実質経常収支が黒字化する条件は、$q^*+q-1>0$である。

次にJカーブ効果についても触れておく。日本の経常収支は、以下の式で表すことができる。式中の記号は以下の説明で用いる。

BC＝輸出価格(1)×輸出数量(2)－輸入価格(3)
　　×為替レート(4)×輸入数量(5)

上式の輸出価格、為替レートは円建て、輸入価格はドル建てである。ここで円安になったと仮定する。(1)、(3)の値は変化しないとする。事実、価格の調整には一定の時間を要する。その他の値については、円安を仮定したので(4)の数値が大きくなる。消費の慣性、中長期的な契約の存在などから輸出入数量(2)(5)は短期的には変化しない。貿易には一定の手続きが必要で、為替レートや価格の変化が大きくない限り、取引関係を短期的に変えるケースは少ない。生活必需品にもその傾向がある。すると、経常収支は一時的に赤字になる。しかしその後は、円安により輸出(2)の増加、輸入(5)の減少が起こる。そして経常収支は黒字の方向に向かう。図8-1はその様子を表している。

最近では1996年の円安時にJカーブ効果が発生したと言われている。また、

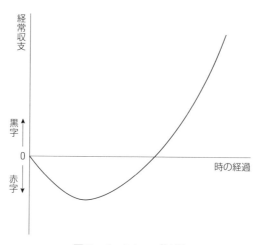

図8-1　Jカーブ効果

自国通貨高が起こった際に黒字が増える現象を逆Jカーブ効果と言うが，最近では，1990年代初頭に起こったとの見方がある．

8‒4　アブソープション・アプローチ

次にアブソープション・アプローチについて説明する．アブソープション（absorption）とは「吸収」という意味で，国内総生産のうちどれだけを国内総支出で吸収するかということを表す．第9章で説明するIS曲線の考え方を用いると以下になる．

YをGDP，Cを消費，Iを投資，Gを政府支出，Xを輸出，Mを輸入とすると，財のバランスは，

$$Y = C + I + G + X - M$$

になる．移項して，

$$X - M = Y - (C + I + G)$$

となる．

（C＋I＋G）はYに占める国内需要でアブソープションと言う．X－Mは純輸出で，財の輸出入以外の要素（例えばサービスの移転）も含む．さらにアブソープションが，所得の水準に依存している部分と独立の部分で構成されているとすると，

$$(C + I + G) = cY + d$$
$$X - M = Y - (cY + d) = (1-c)Y - d$$

となる．dは恒常的（独立的）な消費と投資の合計である．この式より国内の消費性向（c）が強いほど，直接的なアブソープションが大きいほど，経常収支は減少するというアプローチ（分析）である．

弾力性アプローチとの相違はどうか．弾力性アプローチは通貨価値の下落（上昇）が価格を通じて経常収支を改善（悪化）させるかどうかを分析する方法であるが，アブソープション・アプローチでは別のルートを考える．すなわち通貨の下落（上昇）は自国の価格競争力を高め（低くし），外国からの需要を増加（減少）させ，GDPを増加（減少）させる．国内総支出の増加（減少）が国内

総生産の増加（減少）を上回らない限りは，経常収支は改善（悪化）する．このように通貨価値の変化をマクロ的な視点から分析しているところに大きな特徴がある．一方，自国の生産や内需に注目しており，海外の生産や内需，ミクロ的な側面を考慮に入れない欠点がある．

8‒5　貯蓄・投資アプローチ

貯蓄と投資のバランスから経常収支を分析するもので貯蓄・投資バランス・アプローチとも言う．前節で用いた IS 曲線によると，

$$Y=C+I+G+(X-M)$$

である．両辺から消費 C を差し引くと，

$$Y-C=I+G+(X-M)$$

になる．左辺は貯蓄を表すことになり，$Y-C=S$（貯蓄）とする．すると以下の式になる．

$$S=I+G+(X-M)$$

これより経常収支は，

$$X-M=S-I-G$$

民間貯蓄よりも民間投資ないし財政赤字が増大すると，経常収支の黒字が減少，赤字が拡大する．

このアプローチはミクロ的な分析は苦手とするが，データの集積がしやすく，マクロ的な分析には適していると言える．より具体的には中長期的な視点から景気循環などの影響を取り除いた，長期的，趨勢的な動きを分析するのに適している．

8‒6　国際収支の動向

1960年代から日本は高度成長に入った．軽工業から組立て型の産業，重化学工業へ産業構造がシフトし，輸出が拡大，貿易黒字が増加した．一方，特許権

や運賃，保険料の支払が増加，サービス収支の赤字が増加，経常収支は赤字であった．やがて貿易収支の増加とともに経常収支は黒字になったが，石油ショックによる原油価格の高騰，変動相場制移行による円の切上げにより輸出が減少，1973年から1975年にかけ再び経常収支は赤字になった．これと類似した現象は，1979年に起こった第2次石油ショックの際にも起こった．

1980年代に入ると日本の国際競争力が増大した．レーガン政権下で米国金利の上昇にともなうドル高が起こったとき，日本の輸出は増加して経常収支は黒字になった．その後プラザ合意による円高が起こるが，輸出へのマイナスの影響は一時的なものであった．

1999年から2001年にかけては日本の経常収支の黒字が減少した（図8-2）．それまでは国内景気が拡大すると需要の拡大を通じて輸入が増え，経常収支の黒字が縮小，国内景気が後退すると輸入の減少を通じて経常収支の黒字が拡大することが一般的であった．しかし，この間の経常収支黒字の縮小の動きは，景気の減速下で起こった．この背景としては，国内景気の減速による輸入の減少を，世界経済の低迷による輸出の減少が上回ったことがあげられる．経常収支の内訳としての貿易収支を見ると，自動車や科学光学機器の輸出が好調な反面，アジアへの現地生産の増加から，半導体など電子部品や事務用機器などの輸出が減少した．輸入はICT（第10章を参照）バブルの崩壊により半導体など電子部品や事務用機器が減少したが，繊維，食料品などは増加している．

2002年以降はさまざまな理由により経常収支の黒字は再び増加の様相を見せ

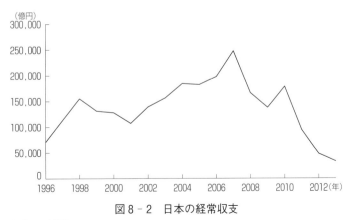

図8-2　日本の経常収支

出所）日本銀行．

ていたが，2007年を境に減少に転じ，2013年末から，2014年初頭にかけて赤字となった．これには，世界的な景気低迷で米国やアジア向けの自動車，半導体輸出が減少したこと，石油などエネルギー資源の輸入の増加などがあげられる．一方，2014年度の旅行収支は55年ぶりの黒字となった．円安の影響が大きいようである．

第9章
オープン・マクロ経済学

9-1 金融政策

　金融政策の手段については日本銀行の説明の際に簡単に触れたが，ここでより詳しく説明する．

　一般に金融政策は，金利チャネル（低下の場合，消費や設備投資が増加），バランスシート・チャネル（金利低下 → 利益増加 → 自己資本比率増加 → 設備投資増加），リスクテイキング・チャネル（安全資産 → 危険資産へ），そして為替レートチャネル（金利低下 → 自国通貨安 → 輸出増）を持つと言われる．

　なお，金融政策に関して，中間目標を置くことで，政策実施の指標にするという考え方がある．

　以下，主だった金融政策手段について概説する．

A. 公開市場操作

　中央銀行が金融調節の目的で有価証券や手形の売買を短期金融市場で行うことで，市中の資金需要を調節すること．中央銀行（日本銀行）が有価証券や手形を市中銀行から購入することは「買いオペ（オペレーション）」と呼ばれ，不況の際に施行される．金融機関の日本銀行当座預金には代金が振り込まれ，日本銀行当座預金の資金量が増加，日本銀行から金融市場へ資金が供給されることになる．売却することは「売りオペ」と呼ばれ，景気が過熱気味の時に実施される．国債などを購入した金融機関の日本銀行当座預金から代金が引き落と

表9-1　金融政策の中間目標

政策手段	運営目標		最終目標
	操作目標	中間目標	
公開市場操作，公定歩合操作，預金準備率操作	インターバンク金利，預金準備，マネタリー・ベースなど	市場金利，マネーストックなど	物価，経済成長，雇用，為替レートなど

され，資金量は減少し，金融市場から資金が吸収される．現在，資金供給のオペの手段としては，短期国債買い現先オペ，短期国債買入れオペ，国債買入れオペ，CP等買い現先オペ，CP・社債等買入れオペなどがある．近年ではこれらに加え，ETF（上場投資信託）・J-REIT買入れオペや外国通貨の資金供給オペも始まった．最後のオペは，リーマンショック後に始まり，金融機関は外貨の自国での調達が容易になった．これは日本銀行に限られず，外国の中央銀行との中央銀行間スワップ取極によって実行される．

資金吸収のオペとしては，短期国債売り現先オペ，短期国債売却オペ，手形売出しオペなどがある．公開市場操作は従来，米国や英国での金融政策の代表的な手段であったが，近年では日本でもTB（短期国債）市場の充実などにより，公開市場操作は金融政策の中心になりつつある．なかでもオペ対象としては，国債レポオペが増加している．

この政策には，マネタリー・ベースを直接管理できる点，政策が迅速に行える点などが評価されている．こうした金融政策には，ケインズ効果（金利の低下による投資の増加），資産効果（金利の低下による株式・債券価格の上昇，投資や消費の増加），アベイラビリティ効果（信用の利用可能性）が指摘されてきた．

公開市場操作にも，信用創造が起こりうる．国債や手形を中央銀行が公開市場操作により，1単位の金額を買い取るとしよう．現金・預金通貨の比率をαとすると，市場は$\frac{\alpha}{1+\alpha}$を現金として手元に残し，$\frac{1}{1+\alpha}$を預金する．預金を受けた金融機関はβ（$0<\beta<1$）を中央銀行へ法定準備金として預けるとする．すると，預ける金額は$\frac{\beta}{1+\alpha}$となり，$\frac{1-\beta}{1+\alpha}$を貸し出しに充てる．この過程が続くと，現金は$\frac{\alpha}{1+\alpha}\left[1+\frac{1-\beta}{1+\alpha}+\frac{(1-\beta)^2}{(1+\alpha)^2}\cdots\cdots\right]=\frac{\alpha}{\alpha+\beta}$になり，預金は$\frac{1}{1+\alpha}\left[1+\frac{1-\beta}{1+\alpha}+\frac{(1-\beta)^2}{(1+\alpha)^2}\cdots\cdots\right]=\frac{1}{\alpha+\beta}$になる．この両者，すなわち現金と預金の合計であるマネーストック全体としては，$\frac{1+\alpha}{\alpha+\beta}$単位増えることになり，これは当初の1より大きい．

B. 公定歩合操作

公定歩合とは日本銀行から民間銀行への資金貸出に適用される金利．例えば，

不景気時には公定歩合を引き下げて景気を活性化させ，景気が過熱してインフレーションが懸念される時には公定歩合を引き上げて景気を抑制しようとする．この政策には，コスト効果（民間金融機関が中央銀行からの借入れコストが減少すると，民間金融機関の貸出金利が下がり，投資が活発にある）とアナウンスメント効果があると言われている．

しかし1994年の金利自由化により，日本銀行は，公定歩合適用の日銀貸出しを金融調節の手段としないことを明言したため，公定歩合の金融手段としての地位は大きく後退している．2001年3月に導入された補完貸付制度（ロンバート貸出）では，従来の公定歩合を誘導目標となる翌日物金利の「上限」となるようにしたが，名称も「基準貸付金利」となった．2006年7月には，ゼロ金利が解除されたが，日本銀行が金融機関に直接的に資金を貸し付ける際の基準金利の名称を「基準割引率」と「基準貸付金利」に統一することになり，公定歩合という言葉は消えた．2008年10月には，当座預金の一部に利子をつける「補完当座預金制度」が導入，すなわち法定準備預金額を超過する，超過準備に0.1％の金利を付けることで，翌日物金利が0.1％以下にはならないようにする，下限を設けるためのものであった．これで，限界貸付金利を上限，中央銀行預金金利を下限として，政策金利をその範囲内に収めようとすることになった．翌日物コールレートには上限と下限が与えられることになり，コリドーシステム（corridor system）が導入された．

C．準備率操作

第3章で述べたように，準備預金制度とは，民間金融機関に対して，受け入れている預金などの一定割合（準備率）を中央銀行に原則として無利息で預けることを義務付ける制度である．中央銀行はその準備率（預金準備率）を操作して民間銀行の貸出し行動に影響を与えることができる．準備率の上昇は景気の過熱を抑制する際に用いられ，下落は景気拡大の目的で使用される．

この効果は，流動性効果（準備率の引き上げにより，金融機関は準備金の不足が発生し，貸出を抑制したりするなど），コスト効果（準備預金には金利が付与されないので，運用へ高い利回りを求めるようになる），アナウンスメント効果があると言われている．

この制度は当初，預金の支払不能や銀行の倒産防止を目的に設立されたようである．近年，各国ではこれを廃止することや，継続していても引き下げるケースが多くなっている．理由としては預金取り扱い機関のみにこれを適用する

表9-2 預金準備率

預金の種別	預金額	預金準備率(%)
定期性預金	2兆5000億円超	1.2
	1兆2000億円超〜2兆5000億円以下	0.9
	5000億円超〜1兆2000億円以下	0.05
	500億円超〜5000億円以下	0.05
その他の預金	2兆5000億円超	1.3
	1兆2000億円超〜2兆5000億円以下	1.3
	5000億円超〜1兆2000億円以下	0.8
	500億円超〜5000億円以下	0.1

出所) 日本銀行.

ことが不公平であること,金融革新によって準備預金と関係のない商品が多くなってきたことなどがあげられている.日本でも1991年の引き下げ以来,変更されていない.なお米国では定期預金に対しては準備預金が課されない.

金融政策の手段として,窓口規制とか,道徳的説得といった言葉を聞いたり見たりした人がいるかもしれないが,日本では廃止されている.

最近,インフレ・ターゲットの導入の是非が議論され,導入が計られている.インフレ・ターゲットとは,一般に中央銀行があらかじめインフレ率の目標値を公表し,それに従って金融政策を遂行する政策目標で,指標としては消費者物価指数など観測,入手容易なデータが用いられることが多い.先進国では,英国,カナダが代表的である.

インフレ・ターゲットのメリットは,第1に通貨当局が具体的な数字を示すことで,目標と責任が明示されること,第2にインフレ率が事後的に明らかになることから,中央銀行に説明責任と透明性がより要求され,より独立性が保証されること,第3に予想インフレ率の安定化が図られ,インフレーションそのものを抑える役割が存在することがあげられる.

以下,日本の最近の金融政策について概説する.

(1)ゼロ金利政策

1990年代中盤以降の深刻な景気悪化を回復させるために,日本銀行は1999年2月の政策委員会・金融政策決定会合で,ゼロ金利政策を採ることを決めた.実施方法については,コールレートをほぼゼロになるようにした.具体的には,ほぼ毎日,短期金融市場の資金需給を調節する際,過剰な資金を供給して,政策目標とする無担保コール翌日物金利(オーバーナイト金利と呼ばれる)を可能

な限り低く誘導し市場金利を低くした．日本銀行は，2000年8月にゼロ金利を解除して，短期金利の誘導目標を0.25％に引き上げたが，その後2001年2月に0.15％に下げ，さらに3月には実質ゼロに戻した．その後，数年に亘り実質的なゼロ金利は継続したが，景気回復とともに金利は徐々に上昇することになった．2006年3月には，量的緩和政策の解除により，誘導目標を再び翌日物金利とし，ゼロ金利政策に戻ることになった．しかし，7月には，ゼロ金利政策を解除し，誘導目標の金利を引き上げた．

(2)量的緩和政策

2001年3月に，QEP（Quantitative Easing Policy）が導入された．政策金利の引き下げの余地がなくなり，誘導目標を金利（無担保コール翌日物金利）から資金供給量（日本銀行の当座預金残高）に変更した．これは世界初と言われている．しかし，景気回復への道筋が見えたこともあり，2006年3月に量的緩和策を解除した．誘導目標は，当座預金から無担保コール翌日物金利へ戻された．2012年12月，自民党に政権が交代し，政府は，1）金融緩和，2）財政出動，3）成長戦略を掲げ，翌年3月には，「量的・質的金融緩和」を導入した．2％の物価目標を2年程度で実現するために，マネタリー・ベースを2年で2倍にするなどの政策を開始した．それにより，円安，株高が進み，2014年4月の消費増税の影響もカバーされつつある．

この量的緩和の効果については，ポートフォリオ・リバランス効果，アナウンスメント効果が指摘されることが多い．前者は，金融機関の保有していた国債が日本銀行の当座預金に替わり，企業への貸出や株式投資へ向かうという効果である．一方，金融機関が高リスク資産に資産を移す可能性については疑問もある．後者は，量的緩和が継続するという認知がなされることで，時間軸効果と同様，中央銀行が景気を下支えするという意思を示すことになる．時間軸効果の例は，量的緩和導入直後に標榜された，「消費者物価指数の前年比上昇率が安定的にゼロ％以上になるまで続ける」との約束がある．

欧米の米国の最近の金融政策について触れる．米国FRBは2008年夏のリーマンショック後の世界金融危機の後，ファニーメイ（米連邦住宅抵当公社）とフレディマック（米連邦住宅貸付抵当公社）が持っていた住宅ローン債権や住宅ローン担保証券（MBS）を購入した．これがQE1（量的緩和第1弾）と呼ばれた政策で，危機的状況は回避できたと見做され，2009年3月末で終了した．しかし，景気が低迷したので，2009年11月から2010年6月まで，米国債を購入，市場へ

資金を供給した (QE2). その後, 2012年9月から2014年10月まで, 量的緩和 (QE3) を実施した. なお, 2013年末に量的緩和の規模縮小が決められた (tapering). そして2014年10月には量的緩和を終了した.

ユーロ圏の政策金利は, 市場介入金利 (refinancing rate), 短期金融市場の上限金利となる限界貸出金利 (marginal lending rate), 下限金利となる中銀預金金利 (deposit facility rate) の3つからなる. そして, 無担保翌日物取引の加重平均である, EONIA (Euro Overnight Index Average) を, 限界貸出金利と中銀預金金利の間に誘導するよう, 金融政策を実施している. なお, ECBは, ユーロ圏の統合消費者物価指数 (HICP: Harmonized Index of Consumer Prices) を2％近辺とすることを目標に示している.

最後に2点, 付記しておく. まず, 政策変数として何を選択するかという問題である. 金利を政策変数とする国が多いが通貨にする国もある. その理由としては, 通貨需要の変動が大きいことがあげられる. プール (W. Poole) は金融政策のターゲットとしてはマネーサプライと金利を使い分けるのがよいと主張している (Poole の議論). フィッシャー効果と合わせ, その採否について議論の多いところである.

次に, 裁量 (柔軟に対応する) か, あるいはルールかという問題もある. ルールに関しては, 金利についてのフリードマンのk％ルール, インフレ率と生産量に一定のウェートを定める, テイラールールなどが有名である. フリードマンの考え方に則ると, 裁量的な政策は, 長期への影響がないばかりか, 無意味な物価変動を招くので, とるべきではないということになる. 一方, 価格調整が行われない状況 (一般に短期) では, 通貨供給量は実体経済に影響を及ぼすことになる. これはケインズ経済学の考え方と言える. テイラー (J.B. Taylor) は, テイラールールでは, 政策金利水準の基準を, 均衡実質金利$+\alpha\times$(インフレ率－目標インフレ率)$+\beta\times$GDPギャップ(現実のGDP－潜在的GDP)で示した. 米国のケースでは, αが約1.5, βは約0.5である.

なお, 金融政策とは政策全体, 金融調節とは金融政策を実行するための手段である.

9-2 財政政策

財政政策は, 資源配分の調整, 所得の再分配, 経済の安定化を図るために行

われると考えるのが一般的である．公園，道路などの社会資本，国防，警察，消防などのサービスのように，民間企業によっては供給されないもの，最適な供給がなされないものに予算を充当するのは，政府の役割となる．また，市場メカニズムに依拠するだけでは，適切な分配を達成するとは限らない．政府には一定程度の所得格差の緩和が求められる．累進課税や社会保障の給付などで調整がなされる．そして，失業，インフレーションなどの緩和や持続的な成長のためにも財政政策が施行される．

財政政策は以下の2つに大別される．

1）税額・税率の変更
2）公共投資など政府支出の増減

景気の回復，拡張をめざすには，1）に関しては減税，2）に関しては増加が図られる．ただし付随する効果（影響）が現れることに注意しなければならない以下，減税のケースで説明する．

減税で民間の消費や投資活動は活発になるが，資金需要の増加を招くことになり，金利は上昇する．また政府が減税の財源確保のために公債（国債）を発行すれば，民間の資金は公債に吸収され金利が上がる．こうした動きにより民間投資の一部が阻害される現象をクラウディング・アウト（crowding-out）と呼ぶ．英語の意味は「締め出す」で，景気にマイナスの影響を与える可能性があることを意味している．

9-3 オープン経済下の金融政策と財政政策

オープン・マクロ経済学とは国ごとに存在するマクロ変数を用いて，金融・財政政策やその変動を国際的な相互依存関係の中で分析するものである．昨今のグローバル化の状況を考えれば現実的な妥当性が高く，重要なアプローチとして認められている．もちろん，閉鎖経済を前提にすることが否定されることは全くない．

すでに金融緩和の効果について述べたが，対象としたのは閉鎖経済（対象とするのは一国）の状況であった．それがオープンな形（多国間）になると，どのような効果をもたらすのか．経済活動のグローバル化を考えれば，現実的な課題である．

金融緩和政策で金利が低下すれば，一般的には企業の設備投資や消費者の購買意欲を高める．ここまでは閉鎖経済下と同様であるが，開放経済下で海外に比べて金利が低下すれば，資本流出が起こり円安を招く．円安になると一般に日本の輸出拡大を招くので，国内はもとより対外的な側面においても景気のプラス効果をもたらす．

ところが日本の円安による輸出拡大は海外の景気を冷却させることになり，海外からは非難されることがある．こうした現象は「失業の輸出」と言われることがある．国内においても生活必需品を含む輸入品の価格上昇などを招くこともある．

同じく，財政拡張政策は，対外的な側面においてはどのような効果をもたらすのだろうか．金利が上昇することに加え，グローバル下では，資本流入と円高を引き起こす．円高は日本の輸入拡大を通じて国内は景気後退，国外は景気上昇する．

ちなみに，海外から日本に財政拡張が求められた時期があったが，こうした根拠に基づいている．先の説明のように，海外からは金融政策は嫌われ，財政政策の発動が好まれることになる．

政策のトリレンマについては第5章で説明した．何を優先して何を犠牲にするのかは，国際金融の世界ではとくに重要な課題である．

9-4　IS・LM分析

マクロ経済学の主要な考え方である，IS・LM分析について説明する．変動相場および固定相場制下での財政，金融政策についてもあわせて説明する．以下のモデルは，マンデル・フレミングモデルと呼ばれている．

IS・LMモデルは，物価が一定という仮定のもとで，財市場の均衡を表すIS曲線と金融市場の均衡を表すLM曲線を用いて分析する．

A．IS曲線

生産物市場での財の均衡を表す．Yは国民所得，Cは消費，I (investment) は投資，Gは政府支出，rは利子率を表す．財市場の均衡式は，

$$Y = C(Y) + I(r) + G$$

両辺からCを差し引くと，

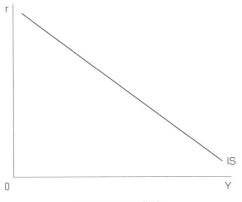

図9-1 IS曲線

$$Y-C(Y)=I(r)+G$$

になる．左辺は貯蓄で，それをSとすると，

$$Y-C(Y)=S(Y)$$
$$S(Y)=I(r)+G$$

所得が増えると貯蓄が増加する．財市場で均衡が成立するためには，投資が増える必要がある．そのためには金利が下落しているはずである．ゆえに，rとYをそれぞれ縦軸，横軸にとりグラフを描くと右下がりになる．この曲線は上で説明したようにSとIとの関係をYとrとのグラフで示したものであり，IS曲線と呼ばれる．図9-1がIS曲線である．

B．LM曲線

金融資産市場の均衡を表す．Lは流動性（liquidity），Mは通貨（money）を表す．通貨の供給量（マネーストック）が，中央銀行によって制御可能であると考える．また所得が増えれば通貨需要（取引動機）が増加すると想定する．利子率が上昇すると債券などに投資する方が有利となり，通貨需要は減少する（投機的動機）．なお，通貨需要は，取引動機，投機的動機の他，予備的動機があるが，それは以下の式からは省いている．

$$M=L(Y, r)$$

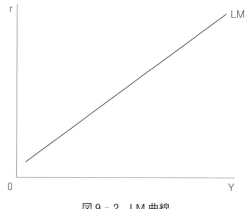

図9-2 LM曲線

　左辺のMはマネーストックを表す．右辺のLは通貨需要関数で，通貨需要がGDPであるYと利子率rにより決定されることを示している．
　さて，rとYの関係はどうなるだろうか．所得が増加すると通貨需要が増加する．マネーストックに変化がなければ，通貨需要が減少せねばならない．そのためには金利の上昇が必要となる．したがってrとMの関係を示すLM曲線は右上がりになる．図9-2はLM曲線を表している．
　IS・LM曲線を同時に描くと図9-3のようになる．交点でマクロ経済は均衡する．
　以下，IS・LM分析を用いて，金融政策，財政政策の効果を考える．
　不況から脱出を図るための政策手段による金融政策として，通貨供給量Mを増加させる場合を想定する．IS曲線はMが含まれないから変わらない．LM曲線では式の両辺が均衡するためには通貨需要も増加しなければならない．そのためには同じYに対してrが減少するか，同じrに対してYが増加しなければならない．ゆえにLM曲線は右下方にシフトする．
　財政政策として政府支出Gを増加させた場合，すなわち，こちらも不況からの脱出を図るケースであるが，LM曲線はGが含まれていないので変わらず，IS曲線でYが増加するので，IS曲線の左辺のYを一定に保つためには，投資を減らすためrが上がる必要がある．したがって右上方にIS曲線をシフトさせる．ここでLM曲線が水平に近い場合（流動性の罠：金利が低くマネーストックを変化させてもLM曲線が実質変化しないような場合），財政政策の効果はあ

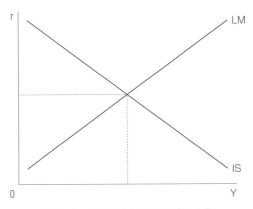

図9-3 IS・LMによる経済の均衡

るものの金融政策の効果はあまりない．同様に，IS曲線が垂直に近ければ（投資が金利に反応しない場合），金融政策の効果は小さくなる．

例として，固定相場制下で，開放経済の場合の2国モデルを考える．国はA国とB国のみが存在し，互いに他国の経済に影響を与えると仮定する．A国，B国とも，消費，輸入は所得の1次関数で，$C=cY+C_0$，$M=mY+M_0$とする．C_0，M_0は所得に依存しない固定的な消費，輸入である．限界消費性向，cは限界消費性向，mは限界輸入性向である．A国の財市場の均衡は，$Y=C+I+G+X-M$（Y：国民所得，C：消費，I：投資，G：政府支出，X：輸出，M：輸入）となる．同じくB国を＊をつけて表現し，$Y^*=C^*+I^*+G^*+X^*-M^*$とする．対象国は2つしかないので，$X=M^*$，$M=X^*$が成立する．ここでA国において政府支出が増加したとする．すると，国民所得の増加割合は $\dfrac{dY}{dG}=\dfrac{(1-c^*+m)}{(1+c+m)(1-c^*+m^*)-mm^*}$ となる．この値は1より大きく，乗数効果と言う．閉鎖経済の場合には，A国経済はB国経済の影響を受けないので，$\dfrac{dY}{dG}=\dfrac{1}{(1-c+m)}$ であり，2国モデルのほうが財政政策の効果が大きいことがわかる．

次に，変動相場制，固定相場制下の両ケースについて，通貨市場も考慮して，金融政策，財政政策の分析を行う．ただし自国は小国で，国際的な資本移動が完全であり，金利は自国の経済状況でなく，大国（世界）の状況で決まると仮

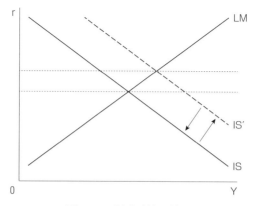

図9-4 財政政策の効果

定する.

A. 変動相場制下の財政政策

変動相場制下で財政拡大政策が採られたとする. 図9-4で, IS曲線は右上方にシフトする. これをIS'とする. すると経済はLM曲線とこのIS'の交点で均衡するが, これでとどまらない. 金利が上がっているので自国通貨は増価（円高）する. すると輸出が減少しIS曲線はIS'からISへ戻る. 金利水準は資産の完全移動が保証されていれば, 自国と外国の水準が等しい元の水準に戻る. したがって変動相場制下で拡張的な財政政策を行っても所得は最初の所得に戻ることになり効果はない.

B. 変動相場制下の金融政策

同じく変動相場制下での金融政策の影響はどうか. ここでは金融緩和政策が採られたとする. 図9-5に示すように, LM曲線が右下方にシフトし, LM曲線はLM'になり金利が低下する. すると通貨の減価（円安）が起こり, 輸出が増加する. それによりIS曲線は右上へシフトする. これがIS'である. そして自国利子率と外国利子率が同じところで均衡する. このとき所得は増加している. このように変動相場制下での金融政策は, 景気拡張という目的に対して有効な効果をもたらす.

C. 固定相場制下の財政政策

現在, 日本など先進国では変動相場制が採用されているが, 固定相場制の場合についても説明する. 変動相場制下とは全く異なる影響が出る.

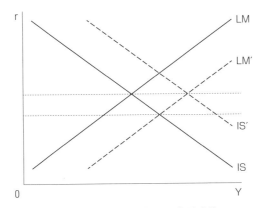

図9-5　変動相場制下の金融政策

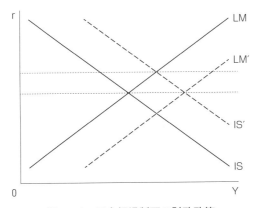

図9-6　固定相場制下の財政政策

　図9-6で，固定相場制下で財政拡大政策が採られたとする．IS曲線は変動相場制の場合と同じく右上方にシフトする．これをIS′とする．これにより自国利子率に上昇圧力を与える．すると為替レートが増価する方向に動こうとする．しかし，為替レートは固定されている．そこで当局は自国通貨を売って外国通貨を買う介入を行う．すると通貨供給残高が増加するので，LM曲線は右下のLM′へシフトする．その結果，所得は増加する．このように固定相場制下では財政政策は有効に機能する．

D．固定相場制下の金融政策

　図9-7で，LM曲線はLM′にシフトする．すると金利が下がり自国通貨は

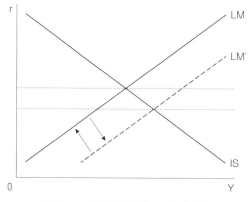

図 9-7 固定相場制下の金融政策

表 9-3 変動相場制・固定相場制下の財政・金融政策のまとめ

	財政政策	金融政策
変動相場制	無　効	有　効
固定相場制	有　効	無　効

減価の方向に動く．しかし固定相場制下ではそれは認められない．そこで通貨当局は外国通貨を売って自国通貨を買う介入を行う．これは通貨供給残高の減少を意味する．すると所得が減って LM′ 曲線は LM にシフトして戻る．固定相場制下での金融政策は所得に効果を及ぼさないことになる．

以上の議論を，結論だけまとめたのが表 9-3 である．

今までの議論では，資本の移動に規制のない，完全資本移動を前提としてきた．しかし，現実には何らかの規制も存在する．

図 9-8 は，しばしば BP 曲線と呼ばれるものである．図の A では，生産量が B よりも劣っている．生産量は所得に比例し，所得の増加につれて輸入への需要が増加すると考えられるので，生産量が増加するにつれて，経常収支は悪化する．純輸出は貯蓄と投資の差に一致するので，生産量の増加に伴い，対外純投資も減少する．

つまり，自国への投資が増加していなければならない．そのためには，自国債と外国債の比較において，自国債が魅力的，すなわち自国金利が上昇せねばならない．そのため右上がりになる．

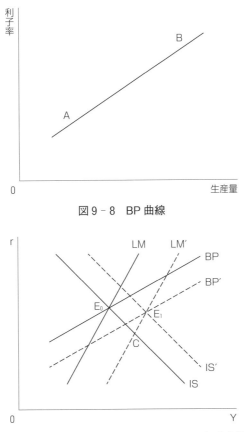

図9-8 BP曲線

図9-9 資本移動が完全ではない場合の金融政策

図9-9では，BP曲線をLM曲線より緩やかにしている．すなわち，利子率の変化に対する国際資本移動の感応度が通貨需要のそれより大きいと仮定している．資本移動が完全であるほど，水平になっていく．この曲線より右にあれば，利子率に対して生産量が多すぎるので，経常収支は赤字，左にあれば黒字になる．それぞれ，為替レートは経常収支の不均衡を解消するため，減価，増価が発生する．ここで，金融政策が行われたとしよう．

LMが右側へシフトすると，均衡点は E_0 からCへシフトするが，Cは生産量に対して金利が低いので均衡しない．そのため自国通貨の減価が起こり，IS

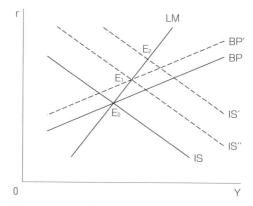

図 9-10 資本移動が完全でない場合の財政政策

が右へシフトする．すると，BP は経常収支の改善により下方に移動し，均衡を表す金利は低くなる．その結果，新しい均衡点 E_1 で均衡する．すると，金融政策の効果も縮小することが理解できる．

次に財政政策を考える．

図 9-10 で，IS が右側へシフトすると，均衡点は E_0 から E_2 へシフトするが，E_2 は生産量に対して金利が高いので均衡しない．そのため自国通貨の増価が起こり，IS が左へシフトする．すると，BP は名目為替レートを所与とすると，経常収支の改善により，均衡を表す金利が低くなる．その結果，新しい均衡点 E_1 で均衡する．すると，金融政策の効果も縮小することが理解できる．

【計算問題】

問 ⑱

変動相場制下の小国のマクロ経済が以下で与えられている．

$Y = D + G + EX - IM$
$D = 70 + 0.9(Y - T) - 1000i$
$EX = 30 + 0.5e$
$IM = 100 + 0.1(Y - T) - 200i - 0.5e$
$Y - 1000i = 2MS$

ただし，Y：産出量，D：国内民間需要，G：政府支出，EX：輸出，IM：輸

入, T：税収, i：利子率, e：為替レート, MS：マネーストック. また, 資本移動が完全であり, i＝i*＝0.02 (i*：外国の利子率), さらに, 均衡予算が成立しており, G＝20, MS＝100 であるとき, 均衡為替レートと金融政策乗数を求めよ.

【計算問題】

問 ⑲

マクロ経済において, 総需要が, 民間消費, 民間投資, 輸出, 輸入で構成されるとする. 所得の限界貯蓄性向が0.4, 限界輸入性向が0.4, 輸出が20, 投資が30とする. 投資が20増加したときの輸入の増加はいくらか.

最後に, 為替レートの予想が変化する場合を考える. 資本移動は完全に自由なケースに戻した上で説明する. 言うまでもなく, 変動相場制である.

図9-5において, マネーストックが一時的に増加し, マーケットがそれを把握しているとする. そのとき, LM曲線は右へシフトするが, マーケットがそれが一時的であるとわかっていれば, 予想為替レートは変化しない. したがって, IS曲線の移動はない. したがって, LMが右へシフトするのみである.

けれども, マネーストックの変化（増加）が永続的であると, 予想為替レートは減価となる. その変化は, カバーなし金利平価の条件（第4章）から理解できるように, 輸出と輸入, すなわちIS曲線に影響を与えることになる. 経常収支は黒字の方向へ向かう. するとIS曲線は右方へ変化する. ゆえに, 永続的な場合は, 一時的な場合より, 国民所得の増加が大きいことがわかる.

財政政策はどうであろうか. 図9-4において, 拡張的な財政政策が行われれば, ISは右へシフトする. しかしそれが一時的であれば, 為替レートは変化しない. したがってそれ以上のシフトはない. これに対して, 永続的であれば, 予想為替レートが増価し（マネーストックに変化がないとする）, 経常収支は赤字の報告へ向かい, IS曲線は元へ戻ることになる.

第10章
金融工学（デリバティブ）

10-1　デリバティブとは

　金融市場では様々な形での革新が進んでいる．その最たるものがデリバティブといっても過言ではない．デリバティブ（derivative）とは「派生」という意味で，既存の金融商品や取引手段からの派生と定義できる．金融派生商品とも呼ばれる．金融の世界では，支払いが他の原資産の価格や支払いとリンクされた資産と定義できる．原資産には，金利，通貨，株式，商品（コモディティ）などがあり，具体的な取引形態としては先物・先渡，オプション，スワップなどがある．

　デリバティブの取引額は大きく飛躍している．銀行，証券会社や保険会社などの業界のみならず，企業や消費者のレベルにまで影響を及ぼしている．もはや一部のプロフェッショナルな世界の人々のものではなくなっている．

　デリバティブの店頭取引高，国別取引高は，表10-1，表10-2の通りである．

　デリバティブ取引には，相対で取引する店頭取引と取引所に上場した商品を売買する取引所取引がある．取引所での取引は，受渡期日や売買単位を揃えているのが一般的で，多くは受渡期日前の差金決済が可能となっている．

　デリバティブ取引の多くは，「証拠金」を差し入れるだけで，その何倍もの取引が可能である．これをレバレッジ（てこの意味）と言う．大きな利益を得ることがある反面，損失が膨れ上がり証拠金の積み増しを要求されることがある．

　デリバティブは一時期，「魔物」などと呼ばれた．確かに，この取引により大きな損失を被った例は多数ある．1995年の英国の証券会社ベアリングス社の破たんはその代表例であり，1987年のブラックマンデー（株価の凋落．同年10月19日，ニューヨーク市場の株価は1日で23％下落），1992年の欧州通貨危機にもデリ

表10-1　日本国内店頭デリバティブ取引別取引高
（2013年6月末）

（単位：億ドル）

	想定元本
店頭取引合計	499,818
外為関連取引	64,545
金利関連取引	423,266
エクイティ関連取引	1,181
コモディティ関連取引	202
クレジット・デリバティブ	10,622
その他デリバティブ	3

出所）日本銀行．

表10-2　デリバティブの国別取引高（1営業日平均）

（単位：10億ドル）

2007年		2010年		2013年	
英　　国	957	英　　国	1,235	英　　国	1,348
米　　国	525	米　　国	642	米　　国	628
フランス	176	フランス	193	フランス	202
ドイツ	90	日　　本	90	ドイツ	101
日　　本	76	スイス	75	日　　本	67
スイス	61	オランダ	61	オーストラリア	66
シンガポール	57	ドイツ	48	デンマーク	59
イタリア	30	カナダ	42	シンガポール	37
オランダ	27	オーストラリア	41	カナダ	34
オーストラリア	23	シンガポール	35	スイス	33

出所）BIS，日本銀行．

バティブが大きく関わっていたと言われている．日本でも2007年から2008年にかけて多くの企業がデリバティブにより損失を被った．リスクの大きさもさることながら，契約条件をきちんと把握，理解した上で取引を行うことを忘れてはならない．

10-2　先物・先渡

先物については，すでに第2章で説明をした．先物・先渡取引は，いずれもあらかじめ決められた将来の一定時期に，あらかじめ決められた価格で資産を売買することであるが，先物取引は価格，数量，決済日などが標準化されてい

る点，実在しない商品の取引も対象とする点，証拠金の積立てを要求されるのが一般的である点などが先渡取引とは異なる．

簡単な例で説明する．1ドル＝120円で3カ月後に100ドルの売却をすると約束したとする．この取引は先渡である．ところが3カ月後に1ドル＝140円になったとする．先渡の契約をしていなければ（手数料などを考えなければ），140円×100ドル＝1万4000円を手にできるが，先渡契約をしているので，為替レートがどのようになろうとも120円×100ドル＝1万2000円しか手に入らない．むろん為替レートが逆方向，すなわち円高になれば利益を得ることになる．

日本で最初の先物取引は1730年に行われた堂島の米取引であると言われているが，それは厳密には先渡取引のことである．現在，日本の代表的な金融関係の先物商品としては，債券先物（国債先物），株価指数先物（日経225先物，TOPIX東証株価指数先物など），金融先物（ユーロ円金利先物，無担保コール翌日物金利先物など）などがある．国債先物は，架空の債券（額面100円）をもとにしており，中期国債先物，長期国債先物がある．受渡決済期日は3月，6月，9月，12月の20日，売買単位は1億円，売買するには証拠金が必要である．

10-3 オプション

オプションとは，「選択」の意味である．旅行などの「オプショナル・ツアー」などといった言葉からも類推できよう．金融の世界では，購入者に対して資産の売買の権利を与える（義務はない）ことをオプションと言う．コール・オプションは購入者に資産購入の権利を，プット・オプションは購入者に資産売却の権利を与えることである．買い手は売手に対して金利，為替レートの変動に対するリスクを回避する対価としてオプション・プレミアムを支払う．オプション・プレミアムはこうしたリスクの他，権利行使価格，原資産価格，残存期間，資産価格の変動性などにより決定される．

オプション取引には，権利行使日が満期日のみに限定されるヨーロピアンタイプと，任意の時点に権利の行使が可能なアメリカンタイプがある．インザ・マネーとは，コール・オプションの場合には原資産価格＞権利行使価格，プット・オプションの場合には，原資産価格＜権利行使価格，アウト・オブ・ザ・マネーとは，コール・オプションの場合には原資産価格＜権利行使価格，プット・オプションの場合には原資産価格＞権利行使価格の場合を指す．

日本では，日経225オプション，TOPIXオプション，国債先物オプション，ユーロ円金利先物オプションが代表的な商品である．

具体例で説明する．ドルを一定価格，1ドル＝120円で買う権利，すなわちコール・オプションを購入したとする（オプション・プレミアムは考えない）．権利行使日に1ドル＝140円になったとすると，ドルのコールを購入しているので，権利を行使することによって，1ドル当たり20円の利益を得る．逆に1ドル＝80円になると，権利を行使すると1ドル当たり20円損をすることになる．ここでは，権利を行使しなければよい．権利を行使するかしないかがオプションである．

むろん，その対価としてオプション・プレミアムがある．オプションを購入すれば，プットでもコールでもオプション・プレミアムを支払わなければならない．ゆえにオプション取引（購入）による利益は，オプション取引による利益から，オプション・プレミアムを差し引いた金額になる．

最後に，この例のように，リスクを見込んで一般的に適用されている金利（手数料など諸費用を含む）に上乗せされる金利（諸費用）をリスク・プレミアムと言う．オプション・プレミアムがプレミアムの条件を明示しているのに対し，リスク・プレミアムは当時者の判断で変わる．為替レートの変化とオプションの行使との関係を図10-1で説明する．

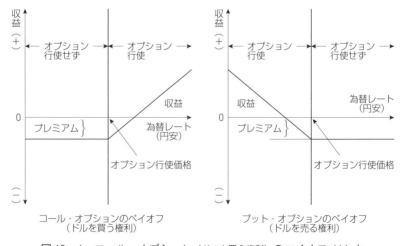

図10-1　コール・オプション（ドルを買う権利）のペイオフ（左）と
　　　　プット・オプション（ドルを売る権利）のペイオフ（右）

図10-1で縦軸は収益（上方向は＋），横軸は為替レート（円安）である．円を自国通貨とし，ドルを一定価格で買う権利，すなわちコール・オプションを購入したとし，行使価格（exercise price）を100円とする．権利行使日に110円になったとすると，権利行使によって1ドル当たり10円の利益となる．逆に1ドルが90円になったら権利行使すると1ドル当たり10円の損となるので行使しなければよい（行使はオプションであり義務ではない）．しかし，プットでもコールでも，オプションを購入するとオプション・プレミアムを支払わねばならぬことは既に述べた．

10-4 スワップ

スワップ取引とは，将来のある時点で互いの異種の債務と債権を合意の上で交換することである．金融の分野では，債務の交換を示すことが多い．代表的なスワップとしては，固定金利を支払わなければならない債務と変動金利を支払わなければならない債務を交換する金利スワップ，異種通貨間，例えば円建て債務を持つ主体とドル建て債務を持つ主体が，お互いの債務を交換するような通貨スワップがある．前者の例では，変動金利の支払義務があるが，金利が上昇すると予想すれば債務を固定金利で支払義務のある債務者と交換する．取引当事者間への市場での評価，取引当事者の見通しの相違が取引を行う源泉となる．

類似した言葉としてスワップションがある．これはスワップとオプションの組合せである．将来のある時点ないしは一定期間内に，あらかじめ決められた条件でスワップを開始することができる権利である．

簡単な例として，日本企業が米国へ進出し，現地で事業を展開するようなケースを考える．米国での事業展開のために，多額のドルが必要になった．国内の金融機関からは信認が厚いが，米国ではほとんど知られていないこの企業は，高利の金利を要求されてしまった．日本の金融機関から円を借り入れる際には，高い信用力で低利での調達が可能である．一方，米国にも同じような企業が存在したとしよう．日本へ進出したが，円が高利でしか入手できず困っているとする．この企業も，米国では低利での資金調達が可能である．このとき，どうすればよいのだろうか．

日本企業はいったん円を借りる．そこでは有利な条件，すなわち低利での資

金調達が可能である．一方，米国企業はいったんドルを低利で調達する．そして両者でドルと円を交換すればよい．

その他，通貨取引の例としてしばしば引用されるのは1981年にIBMと世界銀行が行った取引である．

IBMは設備投資資金として多額のドル需要があったが，一部をフランやマルク（当時）で調達してドルに交換していた．ところが1981年にフランとマルクが減価し，債務をドル建てにすると多額の為替差益を得るチャンスがあった．

他方，世銀は発展途上国への貸付資金の調達のため，フランやマルクなどでの低金利の債券発行を計画した．フラン・マルク建て世銀債には過剰感が出ており，低利での調達は困難であった．ただし世銀は米国市場での評価は高く，ドル建てでは相対的に有利な条件での調達が可能であった．

この両者のニーズを知ったのは金融機関（ソロモン・ブラザーズ）であった．IBMのフラン・マルク建て債務の交換を条件に世銀にドル建て債の発行を提案し，世銀はそれに見合うドル債を発行，スワップが成立した．世銀は，ドル債を発行するものの，フラン・マルク債の負担をした．これによりIBMは為替リスクをヘッジするとともに，為替差益を享受し，世銀はフラン・マルク建てでの低利の資金調達が可能になった．むろん，ソロモン・ブラザーズも多額の手数料を手にした．

デリバティブには，利益を得る可能性があることはもちろん，リスクに対するヘッジ効果，少ない元手で高額の取引が可能な（1割程度の証拠金で取引が可能）レバレッジ効果も期待できる．

FX（外国為替証拠金取引）についても述べておく．FXとはForeign Exchangeの略である．証拠金によって高倍率の為替取引が可能である．しかし損失も大きく，金融庁は2010年8月から証拠金の上限を50倍，2011年8月からは25倍に制限した．

第11章
電子マネー

11-1　電子マネーの登場

　電子マネー（digital cash）という言葉が登場して，相当な年数が経過している．インターネットをはじめとしたネットワークの構築，通信インフラのコスト削減，IC（集積回路）の技術革新による製造コスト低下によって，1990年代中盤，電子マネーは一時的に増加したが，一方的な右肩上がりの成長はなし得なかった．日本で普及しなかった理由としては，既にATMが各地，各所に存在したこと，目で確かめることができる現金とできない電子マネーとの感覚的な違い，どこで買い，どのように使うのか，利用者がわかっていなかったなどの初歩的な問題に加え，増加への誘引となる新商品が未開発であったことがあげられよう．

　ところが，実験段階から，関係者が加盟店，利用者にとっての利便性を徹底的に追求し，着実に浸透させてきたことが実を結び，2000年代に入って数年で状況は一変し，2006年，2007年は電子マネー普及元年と云われるほどの様相を呈した．発行者が増加するとともに，機能，利便性も飛躍的に進歩，上昇し，電子マネー機能付きの定期券や携帯電話などが，生活のインフラに組み込まれ，利用者が激増した．マイレージも電子マネーの一種に位置づけられる．「陸マイラー」という言葉は，航空機に乗らないでマイルを貯めるマイル利用者のことを指す．このように，最近では，電子マネーは日常生活の中に浸透し，その仕組み，状況についての知識は，いまや必要不可欠である．電子マネーの普及率は図11-1の通りで，2014年には46.7％に達している．

　2006年3月，金融の分野で大きな出来事があった．それは，硬貨の流通量がはじめて前年同月に比べて減少したことである．その主因は少額硬貨の減少であった．電子マネーも通貨の一種であり，その発行量と通貨需要との間には正の相関関係が存在すると考えられるが，少額決済を中心に行われる特徴から，

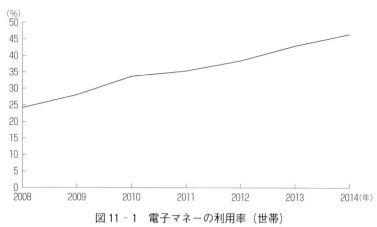

図11-1 電子マネーの利用率（世帯）

出所）総務省.

少額通貨（コイン）との負の因果関係が明らかになったと考えられ，在来の経済理論とは異なる動きを引き起こしていたことになる．

11-2 電子マネーの特質

電子マネーは**表11-1**のように分類されている．現時点ではクローズド・ループのICカード型が主流であり，クレジットカードとの相違点は表11-1の通りである．

ただし，クレジットカードの中にも，非接触型のICチップを搭載し，署名などを必要としない——電子マネーと区別のつかない——ものも現れているし，お財布携帯に代表される携帯電話利用の電子マネーはクレジットカードの一種で，境界線はますます曖昧になりつつある．

電子マネーのメリットとデメリットについて考える．まず利点として，消費者にとって，小銭の煩わしさからの解放，決済時間の短縮，盗難時の損害が少ないこと（残高までが限度）などの利点があり，ネットワーク型では，購入・資金決済場所が不必要であること，閲覧性が良く，外貨使用の簡易さ，家計管理の容易さ，そして，セキュリティの高さなどがあげられる．

加入店舗側には，各型に共通の利点として，現金ハンドリング・コストの削減，きめ細かい価格設定，集客力の拡大，他店との差別化などがある．

表11-1 電子マネーの分類

	分類	特徴
使用形態 (メディア)	ICカード型	マネー（価値）をカード内に移して保持し，利用者は現金の代わりにカードで支払い
	ネットワーク型	マネーをパソコンあるいはサーバーに移して保持．ネットワーク上で商品の購入，決済を実施
流通形態	クローズド・ループ型	他人に譲渡不可能．最終的にマネー（価値）は発行主体に還流
	オープン・ループ型	価値が発行主体に戻らないこともある．「転々流通性」が存在
支払形態	プリペード方式	あらかじめカード内に入金して使用
	ポストペード方式	使用後後払い（クレジットカード利用）
	即時決済方式	即時預金引落し（デビットカード利用）

表11-2 ICカード型電子マネーとクレジットカードの違い

	ICカード型電子マネー	クレジットカード
利用者	本人以外も可	本人のみ
決済金額	残高範囲	与信範囲
決済時期	即時	後日

　発行・運営主体には，店舗コストの低減，人件費の削減，カード会社（既にインフラを所有）との提携の可能性など．最近流行している「非接触」の「ICカード型」は耐久性に優れ，鉄道など使用頻度の高い用途では，賦課コストも安くなり大きなメリットがある．さらに，電子マネーは匿名性があるが，客層および購買行動をその番号から計り知ることもできるので，在庫管理のみならず，販売戦略にも役立つ．

　一方，問題点も存在する．消費者には，個人情報の保護，発行主体倒産時の保護，ネットワーク犯罪に対する国際的ルールなど，加入店舗側には，コストの負担増，端末の少なさ，発行・運営主体にとっては，決済システム脆弱化，決済手数料負担，店舗数減少に伴うリストラの加速，大規模投資への逡巡，などがあげられる．そして，端末の共用化，併用化も共通課題である．

11-3 最近の動向

普及は一層増している．スーパーマーケット，コンビニエンスストアなどでの少額決済が電子マネーで行われるようになったことは，一般社会の決済システムを一変させる可能性があり，企業，店舗にとって無関心ではいられなくなってきた．金融機関もまた然りである．

おなじみの鉄道関係のICカードも進化している．最近では，同一カードによる別会社の鉄道利用も一般的となり，加盟店での買い物もできる．提供者側にとっては，改札の高速化，自動改札機の寿命増大などメリットは大きく，将来は券売機の削減により，駅スペースの効率的な利用も可能になるであろう．機能面では，決済業務に電子マネーを利用することで，実質的にクレジットカード業界に参入したことになる．

11-4 政策担当者の課題

政策当局にとって最大の問題は，マネーの管理である．電子マネーの登場により預金通貨を通す決済が減少し，状況把握は困難になる．発行された電子マネーが短期間に通常の通貨に変化すれば，マネーストックに変化はないので，問題の本質は電子マネーとして流通する量と電子マネーの状態でいる時間の2つになる．

電子マネーの出現の初期には，法定準備が不要のため，無限大に信用創造が拡大する懸念が示された時期もあったが，現在では，発行者は「資金決済に関する法律」による供託金（基本的に未使用残高の50％）の義務が課せられており，信用創造に関する議論はあまり活発ではない．例えば，デビッドカードについては支払行為により，顧客の預金が商人の預金に移動するだけで通貨の総量は変わらないので，信用創造はない．プリペード方式の場合はカード発行会社名義の預金がすでにあり，それが販売者の預金口座に移るだけで，通貨の総量は変わらないので，同じく，信用創造は起こりえない．したがって，電子マネーが金融政策を著しく損なうこと，また通貨にとって換わることは，ここしばらくはなさそうにみえる．一方，課税の回避，課税の場所と基準の問題，規制や監督の弱体化によるマネーロンダリングの懸念も指摘されている．

11-5　今後の展開と期待

　電子マネーの今後を考える上で，ICT 革命について述べる．ICT 革命は電子技術の発展に支えられていることは言うまでもないが，インターネットによって大きな利便性が供され，様々な情報の入手，交換が居ながらにしてできるようになり，多くの知的刺激が与えられ，社会参加への意欲や機会の増加にも役立っている．

　ICT 革命の1つである電子マネーは，サービス提供者，利用者を含めた社会全体の便宜，効率を高める多くの可能性を秘めている．今後，金融に携わる官民機関は，高齢者，社会的弱者（健常者も含む）にやさしい，ヒューマンベースの技術革新に先導的役割を果たすことが必要である．これには，社会的インフラの整備を進め，通信料金と ICT 関連機器の使用諸コストを引き下げることが必須の条件となってくる．

　なお，セキュリティについては一層の強化が必要である．なかでも発行者，運営体には安定性，信頼性の確保と技術革新に対応したセキュリティの確保が要求される．偽造手段は日々高度化されるであろうし，利用限度額が引き上げられれば，偽造のインセンティブも増加する．また，各国での共通化も求められていて，日本独自の仕様にこだわることには問題があるとまでは言い切れないが，少資源国の日本としては，ICT で主導権を握るような方策を真剣に考えるべき時期に来ている．国策として，高い技術が世界的に正当に評価され，あまねく利用されるよう，推進すべきであろう．そして，偽造や複製などのリスクに対しては，責任分担のルールが必要である．消費者は自己責任，予防策という認識を持つべきであるが，過失・故意による被害，予防策をとっていた場合の被害補償の要件も明確にされるべきである．

　ビットコインについても触れる．2009年から急速に出回ったビットコインは，独自の仮想通貨を用いて取引をするものである．現行通貨のように，中央銀行や財務省が発行，管理し，取扱い金融機関を規制することもない．発行金額はコンピュータのプログラム上で管理されており，価格は需要と供給に応じて上下する．いつでもどこでも金融機関を通さずに送金や受取が可能であり，事実上，既存通貨との交換も可能になる．むろん，電子マネー同様，資金洗浄（マネーロンダリング）に使われる懸念も存在する．

付録　数学公式

1．等比数列
初項 a，公比 r，末項 ar^{n-1}，項数 n の等比数列の和は

$$S = a + a^r + ar^3 + \cdots\cdots + ar^{n-1} = \frac{a(r^n - 1)}{r - 1}$$

2．微　分
微分（x の関数，a，m は定数）：$d(ax^m)/dx = amx^{m-1}$
偏微分（x，y の関数，a，m，n は定数）：
x で偏微分（y を定数と考え x で微分する）

$$\partial(ax^m \cdot y^n)/\partial x = amx^{m-1} \cdot y^n$$

y で偏微分（x を定数と考え x で微分する）

$$\partial(ax^m \cdot y^n)/\partial y = anx^m \cdot y^{n-1}$$

最大，最小値の条件：微分値あるいは偏微分値＝0
全微分：$z = f(x, y)$ のとき，

$$dz = (\partial f/\partial x)dx + (\partial f/\partial y)dy$$

3．対　数
$log(A \cdot B) = logA + logB$
$log(A/B) = logA - logB$

4．条件付き極大・極小
$\phi(x, y) = 0$ の条件下で，関数 f(x, y) の極大・極小値を求めるには，ラグランジュ関数 $L(x, y) = f(x, y) - \lambda\phi(x, y)$ とおき，$\partial L/\partial x = 0$，$\partial L/\partial y = 0$，$\phi(x, y) = 0$ を解く。

5. 最小二乗回帰線

2変数間の関係を y=a+bx と推定し,測定データ値を x_i, y_i (i=1, 2, ……n) とする.

$$S=\sum_{i=1}^{n}(y_i-a-bx_i)^2 \text{ とし,}$$

$$\partial S/\partial a=0, \ \partial S/\partial b=0$$

を満たす a, b を求めると,与えられたデータを最もよく説明できる直線(回帰直線)が求められる.
a, b は次式で与えられる.

$$a=\bar{y}-b\bar{x}$$

$$b=\sum_{i=1}^{n}(x_i-\bar{x})(y_i-\bar{y})/\sum_{i=1}^{n}(x_i-\bar{x})^2$$

ただし,$\bar{x}=(1/n)\sum_{i=1}^{n}x_i$, $\bar{y}=(1/n)\sum_{i=1}^{n}y_i$

6. 確　率

変数 x の n 個の観察値 x_i (i=1, 2, ……n) の平均を x_m とするとき,分散は $\sigma^2_x=\dfrac{1}{n}\sum_{i=1}^{n}(x_i-x_m)^2=\dfrac{1}{n}\sum_{i=1}^{n}x^2_i-x^2_m$,標準偏差は $var(x_i)=\sigma_x$

変数 y の n 個の観察値 y_i (i=1, 2, ……n) の平均を y_m とするとき,分散 $\sigma^2_y=\dfrac{1}{n}\sum_{i=1}^{n}(y_i-y_m)^2=\dfrac{1}{n}\sum_{i=1}^{n}y^2_i-y^2_m$,標準偏差は $var(y_i)=\sigma_y$

変数 x, y の共分散は $cov(x_i, y_i)=\sigma_{xy}=\sum_{i=1}^{n}(x_i-x_m)(y_i-y_m)$,相関関数は $\rho=\sigma_{xy}/(\sigma_x\sigma_y)$

さらに進んだ学習のために

　本書で扱わなかった分野，あるいはさらに高度な内容については，以下の書を参考にされたい．

天野明弘（1980）『国際金融論』筑摩書房．
天野明弘（1986）『貿易論』筑摩書房．
池尾和人（2010）『現代の金融入門［第4版］』筑摩書房．
池尾和人・大野早苗編（2014）『コモディティと投資戦略　「金融市場化」の検証』勁草書房．
池田新介（2005）『自滅する選択』東洋経済新報社．
植田宏文・丸茂俊彦・五百旗頭真吾（2015）『エッセンシャル金融論』中央経済社．
岡村秀夫・野間敏克・田中敦・藤原賢哉（2005）『金融システム』有斐閣．
小川英治（2002）『国際金融入門──経済学入門シリーズ』日本経済新聞社．
小川英治・川崎健太郎（2007）『MBA のための国際金融』有斐閣．
大野早苗・小川英治・地主敏樹・永田邦和・藤原秀夫・三隅隆司・安田行宏（2007）『金融論』有斐閣．
金井雄一（2014）『ポンドの譲位』名古屋大学出版会．
釜江廣志・皆木健男（2011）『金融・ファイナンス入門』同文社出版．
上川孝夫・藤田誠一編（2012）『現代国際金融論［第4版］』有斐閣．
吟谷泰裕・髙屋定美・中野正裕・西山博幸（2006）『国際化時代のマクロ経済』実教出版．
栗原裕（2003）『知への作法』有斐閣アカデミア．
栗原裕（2006）『経済学・宣言』学文社．
栗原裕・打田委千弘（2006）『英語で学ぶやさしい経済』朝日出版社．
栗原裕（2009）『グローバル・エコノミクス宣言』学文社．
小林照義（2015）『金融政策』中央経済社．
小宮隆太郎・天野明弘（1972）『国際経済学』岩波書店．
島村髙嘉・中島真志編（2014）『金融読本［第29版］』東洋経済新報社．
白川方明（2008）『金融政策　理論と実際』日本経済新聞出版社．
高木信二（2011）『入門国際金融［第4版］』日本評論社．
髙屋定美編（2010）『EU 経済』ミネルヴァ書房．

竹田陽介（2005）『コア・テキスト　国際金融論』新世社．
田中素香・岩田健治編（2008）『現代国際金融』有斐閣．
田中素香・長部重康・久保広正・岩田健治（2008）『現代ヨーロッパ経済［第3版］』有斐閣．
地主敏樹・加藤一誠・村山裕三（2012）『現在アメリカ経済論』ミネルヴァ書房．
中條誠一（2012）『現代の国際金融を学ぶ　理論・実務・現実問題』勁草書房．
日本経済新聞社編（2014）『金融入門』日本経済新聞出版社．
橋本優子・小川英治・熊本方雄（2007）『国際金融論をつかむ』有斐閣．
晝間文彦（2011）『基礎コース　金融論［第3版］』新世社．
深尾光洋（2010）『国際金融論講義』日本経済新聞出版社．
福田慎一（2013）『金融論──市場と経済政策の有効性』有斐閣．
藤井英次（2006）『コア・テキスト　国際金融論』新世社．
藤田誠一・小川英治編（2008）『国際金融理論』有斐閣．
藤原賢哉・家森信善（1998）『現代金融論講義』中央経済社．
藤原秀夫・小川英治・地主敏樹（2001）『国際金融』有斐閣．
藤原秀夫（2015）『マクロ金融経済と信用・貨幣の創造』東洋経済新報社．
村本孜（2015）『信用金庫論』きんざい．
家森信善（2013）『はじめて学ぶ金融のしくみ［第4版］』中央経済社．
家森信善（2013）『はじめて学ぶ保険のしくみ［第2版］』中央経済社．
吉野直行・山上秀文（2015）『金融経済　実際と理論［第2版］』慶應義塾大学出版会．

計算問題　解答

解①

予算制約線は $\dfrac{C_1}{600}+\dfrac{C_2}{630}=1$，これより $C_1=600-\dfrac{C_2}{1.05}$．効用関数 $U=C_1C_2=600C_2-\dfrac{1}{1.05}C_2{}^2$ の効用最大を求めて $\dfrac{dU}{dC_2}=0$．$C_2=315$，$C_1=300$ となり答えは300．

解②

現金通貨量を C，預金通貨量を D，銀行の支払準備金を R，マネーストックを M，マネタリー・ベースを H とすると，$\dfrac{M}{H}=\dfrac{C+D}{C+R}$．$\varDelta M=\dfrac{C/D+1}{C/D+R/D}\varDelta H=\dfrac{0.06+1}{0.06+0.04}\varDelta H=10.6\varDelta H$ となり，10.6兆円．

解③

預金準備率10%の場合，預金総額は 500/0.1＝5000万円，信用創造された預金総額は4500万円．預金準備率20%の場合，預金総額は 500/0.2＝2500万円．信用創造された預金総額は2000万円．したがって差額は 4500－2000＝2500万円．

解④

2.106%

解⑤

5000円

解 ⑥

0.495%

解 ⑦

t期の株価をP_t，t+1期の予想株価をP^e_{t+1}，配当をdとすると，株価の収益率$\rho=(d/P_t)+(P^e_{t+1}-P_t)/P_t$．市場が効率的であれば，株式の収益率と長期金利i+リスク・プレミアムβは一致する．長期金利をiとすると，$(d/P_t)+(P^e_{t+1}-P_t)/P_t=i+\beta$．ゆえに$P_t=(d+P^e_{t+1})/(1+i+\beta)$．予想株価上昇率をgとすると，$P^e_{t+1}=(1+g)P_t$．整理すると，$P_t=d/(i+\beta-g)=30/(0.04+0.03-0.04)=1000$円．

解 ⑧

6.4%

解 ⑨

保険に加入しない場合の期待効用は，$0.4*1000000^{\frac{1}{3}}+0.6*27000000^{\frac{1}{3}}=220$円．保険に加入するための条件は$y^{\frac{1}{3}}=\geq 220$．ゆえに1064万8000円．

解 ⑩

保険に加入しない場合の期待効用は，$0.8*100*200+0.2*0*300=16000$．保険に加入した場合は$(100-q)[300-(100-q)]=(100-q)(200+q)$．両者を等しく置くと約30．

解 ⑪

$\frac{90-100}{100}-\frac{110-100}{100}=-20\%$なので，$120\times(1-0.2)=96$円

解 ⑫
米国の物価指数は102.04……．ゆえに約2.04%

解 ⑬
約118.8円

解 ⑭
1）開発する．2）開発しない．3）A社は開発せず（0の利益），B社は開発する（70の利益．ただしB国の利益は40）．4）A社は開発する（10の利益），B社は開発する（10の利益）．A国，B国とも利益は－20．

解 ⑮
4），5），6）が計上される．

解 ⑯
60　減少

解 ⑰
$\dfrac{dD}{dP} \dfrac{P}{D}$ へP=6，D=15を代入して，$(-)\dfrac{1}{15}$

解 ⑱
56円，2

解 ⑲
10

索　引

〈アルファベット〉

BIS規制　24
CAPM　33
CD　10
CIF　78
CP　10
ECB　90
EMS　69
EONIA　90
ERM　69
ETF　86
FOB　78
FX　108
GDP　73
　——デフレーター　74
GNI　73
IBF　10
ICT　113
ICカード型　111
IMF協定　53
IS・LM分析　92
JASDAQ　29
Jカーブ効果　80
k%ルール　90
LIBOR　11
PBR　34
PER　34
Q-board　29
QE1〜3　89
ROE　34
RTGS　37
SDR　68
TOPIXオプション　106

〈ア　行〉

アウト・オブ・ザ・マネー　105
アウトライト取引　2
アジア開発銀行　66
アジア通貨危機　64
アナウンスメント効果　87, 89
アブソープション・アプローチ　81
アベイラビリティ効果　86
アメリカンタイプ　105
アンダーライティング業務　28
アンビシャス　29
異時点モデル　12
イスラム金融　56
一物一価の法則　42
イン・ザ・マネー　105
インパクト・ローン　24
インフレ・ターゲット　88
円のグローバル化　6
欧州安定メカニズム　71
欧州危機　71
欧州中央銀行（ECB）　21
欧州通貨統合　69
応募者利回り　32
オークション方式　30
オーバーシューティング　48
オープン・マクロ経済学　85, 91
オープン・ループ型　111
オフショア市場　10
オプション　105
　——・プレミアム　106

〈カ　行〉

外国為替　56
　——円決済システム　38
　——資金特別会計　57
　——市場　1
　——平衡操作　57
外国債市場　12
介入　56
開放度　78
価格弾力性　42
カバー付き金利平価　45
カバーなし金利平価　45

株価指数先物　105
カレンシー・ボード　54
為替　23
為替レート　1, 41
　　──チャネル　85
管理フロート　54
企業物価指数　75
基準貸付金利　87
基準割引率　87
期待理論　27
逆イールド　27
逆選択　24
居住者海外預金　24
居住者外貨預金　23
キングストン合意　54
銀行　22
　　──間市場　2
　　──間レート　2
金本位制　53
金融工学　103
金融先物　105
金融収支　76
金融政策　85
金利チャネル　85
金利の期間構造　27
クラウディング・アウト　91
グラミン銀行　56
クレジット・デフォルト・スワップ　66
クレジットカード会社　36
クローズド・ループ型　111
クローリング・ペッグ制度　55
経常収支　76
ケインズ効果　86
ケインズの美人投票　39
ゲーム論　62
限界貸出金利　90
公開市場操作　20
公定歩合操作　20
行動ファイナンス　38
購買力平価説　42
効率的市場仮説　47
合理的期待　4

コール・オプション　105
コール市場　9
国際銀行間市場　11
国際決済銀行(BIS)　21
国際債券市場　12
国債先物　105
　　──オプション　106
国際収支　75
コスト効果　87, 89
護送船団方式　26
国庫短期証券　9
固定相場制　54
固有業務　23
コリドーシステム　87
コンソル債　31

〈サ　行〉

債券　30
　　──現先市場　10
　　──先物　105
　　──レポ市場　10
最後の貸し手　20
最終利回り　32
財政政策　90
最適通貨圏の理論　70
在日外国銀行　23
財務省証券　10
債務担保証券　66
裁量　90
先物・先渡　104
先物ディスカウント　46
先物プレミアム　46
サブプライム・ローン　65
サムライ債　12
三面等価の原則　74
ジェンセン測度　34
時間軸効果　89
直物　2
シグナル効果　58
資産効果　86
資産分散機能　22
市場介入金利　90

索　引

システミック・リスク　37
実効為替レート　2
実質為替レート　2
実質金利平価　44
時点ネット決済　37
資本移転等収支　76
シャープ測度　34
住宅担保証券　66
周辺業務　23
順イールド　27
証券会社　28
証券業務　23
証券取引等監視委員会　25
証拠金　103
消費者金融会社　36
消費者物価指数　75
商品(コモディティ)市場　17
情報生産機能　22
情報の非対称性　24
ショーグン債　12
シンジケート・ローン　11
信託銀行　23
信用金庫　36
信用組合　36
信用状付き一覧払手形買相場　2
信用状なし一覧払手形買相場　2
信用創造機能　25
信用リスク　37
スタンド・バイ取極　66
スミソニアン体制　54
スワップ　107
　――取引　2
スワップション　107
生産可能性曲線　13
政府系金融機関　35
絶対的購買力平価説　42
セリング業務　28
ゼロ金利政策　88
選好仮説　27
全国銀行データ通信システム　38
セントレックス　29
総合消費者物価指数　90

相対的購買力平価説　42

〈タ　行〉

第1次所得収支　76
第2次所得収支　76
第2世代通貨危機モデル　62
第3世代通貨危機モデル　63
対顧客市場　2
対顧客レート　2
弾力性アプローチ　78
地方銀行　23
中央銀行　19
中銀預金金利　90
中小企業金融機関　36
貯蓄・投資アプローチ　82
通貨危機　61
通貨統合　69
通貨バスケット　55
ディーラー　2
ディーリング業務　28
テイラールール　90
手形交換システム　38
手形市場　9
適応的期待　4
デリバティブ　103
電子マネー　109
電信売相場　2
電信買相場　2
店頭取引　103
投機的動機　93
東京オフショア市場　10
東京銀行間取引金利　11
東京商品取引所　17
東京ドル・コール市場　10
東証株価指数　32
道徳的説得　88
ドーンブッシュ　48
独立フロート　54
都市銀行　23
取引所取引　103
取引動機　93
トリレンマ　56

トレーナー測度　34

〈ナ　行〉

仲値　2
ナッシュ均衡　63
名寄せ　26
ニクソン・ショック　53
日銀ネット　38
日経225オプション　106
日経平均株価　32
日本銀行　19
　——法　19, 20
日本取引所グループ　29
日本郵政　35
ネット専業銀行　38
ネットワーク型　111

〈ハ　行〉

パーシェ型指数　75
バーゼルⅢ　24
バーゼル合意　24
ハイパワード・マネー　21
バスケット・ペッグ制度　55
発行市場　30
バブル景気　49
バラッサ・サミュエルソンの定理　43
バランスシート・チャネル　85
パリバショック　65
非協力ゲーム　62
ビッグマック指数　44
ビットコイン　113
表面利率　30
貧困削減成長ファシリティ　66
ファニーメイ　89
フィッシャーの方程式　44
付随業務　23
プット・オプション　105
不胎化介入　58
プラザ合意　58, 83
ブラックマンデー　103
フリードマン　90
プルーデンス政策　19

フレディマック　89
ブローカー　2
ブローカレッジ業務　28
プロスペクト理論　39
米インターコンチネンタル取引所　29
米証券取引委員会　25
ペッグ　54
変動相場制　55
ポートフォリオ・バランス・アプローチ　49
ポートフォリオ・リバランス効果　89
ポートフォリオ理論　33
補完当座預金制度　87

〈マ　行〉

マーケットメーク方式　30
マーシャル・ラーナーの条件　79
マイクロファイナンス　56
マッキノン　70
窓口規制　88
マネーストック　21
　——統計　21
マネタリー・アプローチ　44
マネタリー・ベース　21
マンデル　70
　——・フレミングモデル　92
無差別曲線　13
名目為替レート　2

〈ヤ　行〉

ヤンキー債　12
ユーロ　69
ユーロ円　10
　——金利先物オプション　106
ユーロ債市場　12
ユーロ市場　10
ユーロダラー　10
ヨーロピアンタイプ　105
預金準備率操作　20
預金保険機構　26
預金保険制度　26
予算制約線　14
予想相対的購買力平価　44

予備的動機　93

〈ラ　行〉

ラスパイレス型指数　75
リーガルリスク　37
リーマンショック　65
利子セミ(半)弾力性　45
リスク・プレミアム　49
リスクテイキング・チャネル　85
利付債　31
流通市場　30
流動性の罠　94
流動性プレミアム理論　27
流動性リスク　37

量的・質的緩和　50
量的緩和政策　89
ルーブル合意　58
ルール　90
レバレッジ　103
連邦公開市場委員会(FOMC)　20
連邦準備制度　20
連邦準備理事会　20
ロンドン銀行間取引金利(LIBOR)　11

〈ワ　行〉

割引現在価値　32
割引債　30

《著者紹介》

栗原　　裕（くりはら　ゆたか）

名古屋市生まれ．
神戸大学大学院経営学研究科博士後期課程満期修了退学．
現在，愛知大学経済学部教授，名古屋図書館長．
その他主な経歴として，光陵女子短期大学国際教養学科専任講師・助教授，愛知大学経済学部長，日本金融学会常任理事，グローバル人材育成教育学会理事，名古屋大学高等研究院客員研究員，メディア教育研究センター客員研究員，中部大阪商品取引所市場取引監視委員会委員など．

著書

『現代金融論講義』(分担執筆，中央経済社，1998年)，『EU 通貨統合の深化と拡大』(中日出版社，2000年)，『知への作法』(有斐閣アカデミア，2003年)，『グローバル時代のビジネス・政策デザイン』(有斐閣アカデミア，2004年)，『英語で学ぶやさしい経済』(共著，朝日出版社，2006年)，*Global Information Technology and Competitive Financial Alliances* (共編著，Idea Publishing Group，2006年)，『経済学・宣言』(学文社，2006年)，*Encyclopedia of E-Commerce, E-Government, and Mobile Commerce* (分担執筆，Idea Publishing Group，2006年)，*Information Technology and Economic Development* (共編，IGI Global，2007年)，『グローバルエコノミクス・宣言』(学文社，2009年)，『EU 経済』(分担執筆，ミネルヴァ書房，2010年) など．

グローバル金融

2015年8月30日　初版第1刷発行	＊定価はカバーに表示してあります

著者の了解により検印省略	著　者	栗　原　　　裕 ©
	発行者	川　東　義　武
	印刷者	江　戸　孝　典

発行所　株式会社　晃　洋　書　房

〒615-0026　京都市右京区西院北矢掛町7番地
電話　075(312)0788番(代)
振替口座　01040-6-32280

ISBN978-4-7710-2647-6

印刷　㈱エーシーティー
製本　㈱藤沢製本

JCOPY 〈(社)出版者著作権管理機構 委託出版物〉
本書の無断複写は著作権法上での例外を除き禁じられています．
複写される場合は，そのつど事前に，(社)出版者著作権管理機構
(電話 03-3513-6969，FAX 03-3513-6979，e-mail: info@jcopy.or.jp)
の許諾を得てください．